中国民居

齐胜利 莫政熹 刘俊生　著

云南人民出版社

果麦文化 出品

目录

黄土高原地坑院

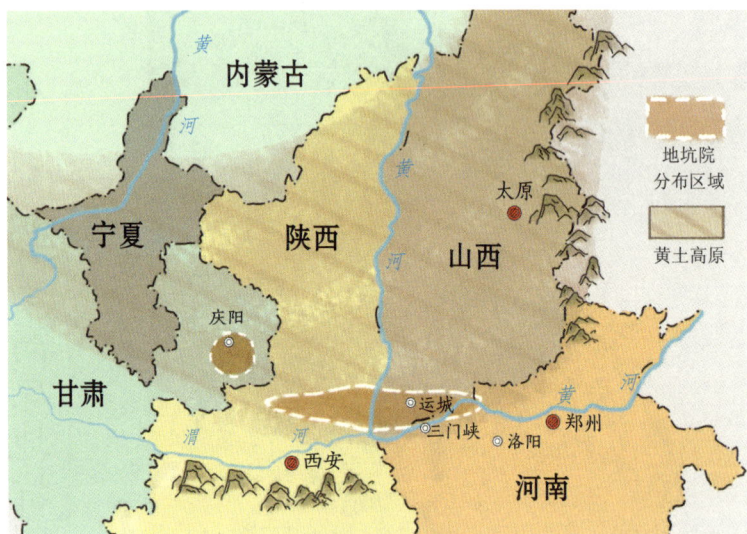

地坑院分布示意图

　　千沟万壑的黄土高原上，人们通常在山坡崖面挖窑洞居住。这种古老的生存方式延续了数千年。然而，到了黄土高原东南侧的边缘地带，也就是陕晋豫三省交会处[1]，地形逐渐向平原过渡，自然的侵蚀作用也相对减弱，厚重的黄土层发育成四周深沟切割、顶部平坦广阔的完整台地，即"黄土塬"。在平坦的塬区上，没有

1　地坑院广泛分布在甘肃、山西、陕西和河南几个省份中黄土塬保存较好的地区。

可以挖洞的山崖，人们只好另辟蹊径，向下挖洞，形成了当地的特色民居——地坑院。

黄土塬地形

虽然黄土本身质地疏松，容易湿陷，但在长时间沉积后，地下黄土的覆盖层厚度变大，直立性好。在地面上挖开一个方形深坑，再在四周壁面上打出若干窑洞，就能建造出自带围合式院落的栖身之所。在缺乏石、木、砖等物资的黄土塬上，地坑院是性价比最高的居住方式。

此外，黄土的隔热和储热性能相对均衡，住在地坑院的窑洞里就如同盖上了一张会调节呼吸的恒温被。冬暖夏凉、经济实惠是地坑院至今依然深受当地老百姓喜爱的重要原因。当大片房屋建筑都在地平面以下，"见树不见村，闻声不见人"的奇观便呈现

地平面下的村落

在眼前。不同地区的地坑院建筑形式相同,建筑尺度和细节设计则因地制宜。本篇聚焦河南省西部三门峡市陕州区的地坑院。

在当地,一座普通规格的地坑院占地约一亩至一亩半(667 至1000 平方米),主体空间包括一个六米深、大小约一百平方米的方形院子、九口窑洞,以及一条通向地面的门洞通道。建造一座地坑院会挖出超两千立方米的黄土,相当于挖出一个标准游泳池的体积。在没有机械设备的年代,村民只能使用镐、锄、耙、铲、杵、箩筐等简单工具,利用农闲间隙一锹一镐地掘土,其漫长的建造过程正如当地俗语所说:"一年天心,二年窑,三年才住进去。"("天心"就是挖坑,"窑"就是打窑洞。)

地坑院透视图

　　建造地坑院的所有工序都可以归到"方院子"和"下院子"两步。"方院子"是在地面画线，框定院子的大小和形状，属于前期准备工作。"下院子"就是依次序挖出地坑院的方院、窑洞和通道，是实打实的体力活儿。

　　方院子的关键是确定主窑的位置。主窑是家中辈分最高的人居住的窑洞，其方位决定了地坑院的朝向和布局。按照传统做法，堪舆师会结合屋主的生辰八字、五行相生相克的规律，以及周边环境，来选定主窑的具体方位。在这套标准下，地坑院被分为东震宅、南离宅、西兑宅、北坎宅四种基本类型。但院子的实际朝向会在正方位的基准上偏移几度以避免招惹灾祸，因为当地人认为只有官式建筑或庙宇才压得住正方位。

下院子时，村民通常会分阶段施工：先靠边开挖斜坡到底，待主窑修建完成并入住后，再沿边线挖出另外两个墙面，打出更多窑洞。最后一个墙面往往会特意保留，等将来家族添丁增口时再扩建。因此，未完工的地坑院长期保持着"凹"字形结构。

院内的窑洞布局可以简单归纳为"长三短二"，也就是在短边墙面各开两口窑洞；长边墙面各开三口窑洞，留出其中一口作为出入门洞，最终形成九孔窑洞的标准格局。当然，窑洞的数量和布局会根据各家的不同情况而变化。

1. 测量土地，下挖斜坡到底。斜坡约3米宽。

2. 先挖主窑，可以一边居住一边挖。

3. 开挖其他窑洞，同时修窑脸、门窗。

4. 开挖门洞通道，形成凹字形院子。

5. 耗时数年，地坑院终于完成。

地坑院建造步骤示意图

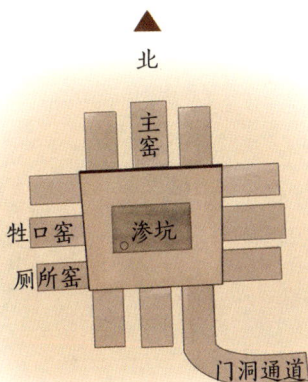

主窑方位示意图：以北坎宅为例

　　如果主窑所在的墙面因为地基面积有限只能容纳两口窑洞，工匠就会在墙壁上方居中位置凿出一个象征性的小窑洞，在满足礼俗要求的同时，保障建筑结构稳定。如果地坑院建造完成后还需要扩大居住空间，可以在院角处补挖一口窑洞，只露出半边门框。这是一种在有限空间中灵活应变的智慧。

　　窑洞的尺寸及分配则体现了中原文化"尊卑有序"的人居伦理。根据豫西地区的风俗习惯，数字"五"象征稳定。因此，工匠在规划窑洞尺寸时，习惯用五尺长的木尺作为丈量杆，一座地坑院的窑洞规格也随之定型为九五、八五和七五三种。这三个数字都指窑洞的高度。

　　一座纯黄土构造的地坑院到这一步就基本完成了建造。其他生活细节上的设计，都是随着居住经验增长而逐步探索出来的。

部位	位置	功能	示意图
烟囱	从灶炕直通地面	排放窑洞内烧火热炕的烟	
马眼	从堆放谷物的窑洞直通地面	到收成时节，从小洞倒入晒干的谷物，就能免去来回搬运的奔波	
神龛	门洞走道壁面	供奉土地公	
地窖	方院内	存放蔬果	

1. 象征式主窑

2. 半脸窑

3. 不同规格的窑洞

八五窑 2.6m × 2.8m
居室、粮仓、厨房

九五窑 3m × 3.2m
主人、长辈居住

七五窑 2.3m × 2.5m
厕所、门洞、圈养牲口

黄土高原的总体雨量不大，但黄土遇水容易湿陷，短时间内集中降水会引起雨水渗墙、院心积水等问题，甚至导致窑洞坍塌。为此，地坑院需要长期、定期的维护。村民逐渐摸索出一套层层递进的防水系统。

　　首先，通过塑造地表的高低坡度快速排走雨水，减少积水下渗，并引导剩余雨水从门洞的水渠流到方院里的渗坑排走。渗坑

地表坡度排水原理

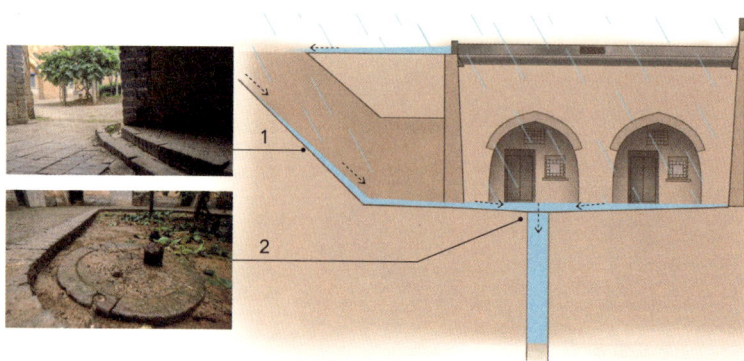

渗坑排水原理：1.门洞水渠　2.渗坑

就是渗水井，其深度与方院的深度一致。渗坑的工作原理是利用地下黄土层的结构属性，让雨水到达疏松的砂黄土层后被排走，砂黄土层一般在地表下十二米左右。

其次，等降雨结束，地面还未干透时，要在地上撒麦秸秆，用石磨把疏松湿润的表层黄土压实。这项维护工作称为碾场。判断一个地坑院是否"健康"，只需看地面有没有长草。如果寸草不生，证明碾场的功夫到位了，下方窑洞的结构仍然稳固。

碾场

地坑院在满足安全的基本需求后，也进行了功能性改良。窑洞的采光普遍较差，如果将窗户的角度调整为稍稍上仰，就能增加采光面积，同时，让门框稍稍前扑，与窗户下端自然贴合，就能减少门的晃动。

而随着砖石的普及，四面院墙的上方出现了拦马墙和护崖檐，拦马墙的作用同其字面意思，即预防人畜跌落。护崖檐则能防止雨水渗入墙体。此外，主窑面地脚砖窑脸位置的拱券和窑腿处也砌上了装饰砖。当地人为这种变化取了个形象的比喻：穿靴戴帽。

值得注意的细节是，为了凸显主窑尊贵，主窑面上方的拦马墙砖层数比其他三面高出一层；下方地脚砖层数为九层，多于其他三面，因为"九"在中国古代文化里象征吉祥与尊贵。

阳光照射

"仰窗"
窗户微微后仰

"扑门"
门框微微前倾

调整门窗以增加采光

拦马墙

护崖檐

1
2
3
4
5
6
7
8
9

1	
2	3
4	5

1. 地坑院上方的砖石顶

2. 主窑面的九层地脚砖　　3. 主窑面多出一层的拦马墙

4. 纯黄土构造的窑洞　　5. "穿靴戴帽"后的窑洞

穿山灶做十碗席

　　地坑院中升腾的烟火气，也在门面装饰的蜕变中愈发鲜活。每逢重要节日，村里需要大摆筵席时，一些人家便会在院子里搭出一条长形土灶——穿山灶——招待宾客。因为灶心相通，在灶尾添柴烧火，热力向上传递并减弱，就能自然形成多个火候不一的炉灶。炉灶数量最多可达九个。其中，距离灶尾近的炉子火力最旺，适合蒸、煮的烹饪方式。随着火力逐步减弱，不同炉灶依次能够实现炸、炖、焖、保温的功能。几口锅同时操作，就能高效地做出当地的著名菜式"十碗席"。

　　当炊烟散去，院子便显露出花木扶疏的悠然景象。地坑院虽是合院建筑，但打破了北京和关中四合院高墙密闭、宅院深深的格局，往来行人俯身就可以跟院子里的人聊天、打招呼。平时，哪家有了多余的蔬果分享，都能直接往院子里扔。

　　扎根于黄土的地坑院，如同一位沉默的历史记录者，它的命运与中原大地的社会变迁同频共振。20世纪70年代，由于地坑院占地面积大，房顶土地无法开垦种植，出于农业发展的考量，政策不允许新建地坑院。同时，伴随20世纪90年代社会经济发展，居住在黄土之下的人们纷纷走到地平面上盖起了小砖房，大多数村落出现了地上平房与地下院落并存的局面。自2017年乡村振兴政策实行，政府开始出资协助村民维修改造部分地坑院，曾经离家的中青年纷纷归来。异乡的生活经历让他们更坚定地坑院才是自己独一无二的黄土印记、身份归属。他们在自家院子里发展文旅事业，尝试用现代技术完善传统地坑院的问题。

"三十亩地一头牛，老婆娃娃热炕头"的朴素追求和"活着"的坚韧，支撑一代代黄土地上的人们向下拓荒。今天，黄土塬上有了拔地而起的高楼，人们可以自由选择自己的住处和去处。但来处仍是黄土，生命终于斯，又始于斯，土墙围出的天空，是家的形状。

邻里交流

地上平房与地下院落并存

窑洞

在黄土高原，经年累月积压的黄土土壤形成了厚实的黄土地，内层坚固，具有很好的直立性，非常适合开挖洞穴居住。这种民居建筑俗称"窑洞"，是黄土地上最经济实用的居住方式

窑洞类型	地形	建造方式	示意图
靠崖式窑洞（靠山窑）	山坡或边缘沟壑	在垂直崖面上向纵深方向掏挖	
下沉式窑洞（地坑院）	黄土塬	向下挖，形成方坑，在坑的垂直壁面上向纵深方向掏挖	
独立式窑洞（箍窑）	一般平地	用砖在平地堆砌起圆拱形的窑洞结构，再用黄土覆盖	

丹巴藏族古碉楼

丹巴碉楼分布示意图

阳光下的碉楼群

　　四川甘孜藏族自治州的丹巴县地处青藏高原东南边缘，邛崃山脉西坡。大金川、小金川两条河流在丹巴县的东部汇合后，称作大渡河。湍急的河水从山间穿过，形成了险峻的峡谷地貌。由于河岸处时常发生落石崩塌，有引发泥石流的危险，因此，当地村寨往往建在半山腰的缓坡上，仿佛是大地把手掌微曲，托举起脆弱而闪亮的生命。

　　走在丹巴村寨里，看不到传统山地村落房屋密集层叠的景象，藏式建筑自由宽松地散落于高坡之上。碉房与碉楼结合是当地民居的标准样式。碉房是藏民的居所，有三四层高。碉楼是高耸的塔楼，高度从一二十米至五六十米不等。大部分碉楼与房子相连而建，是专属于一户人家的碉楼，称为家碉，用作储物、避险和瞭望御敌。

另有碉楼独自屹立于山巅高位或村头寨尾，扼守险要之处。

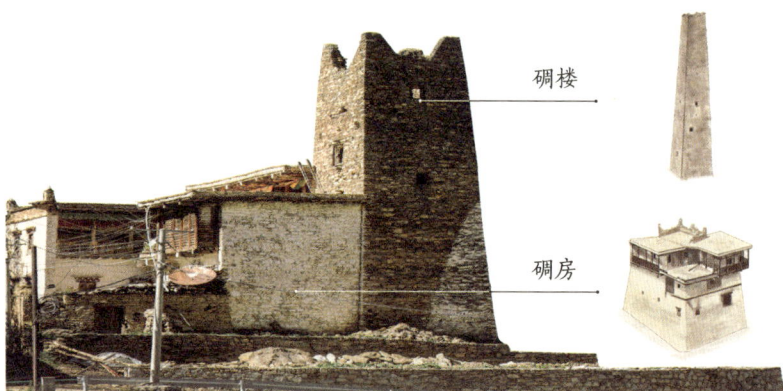

碉楼

碉房

丹巴民居标准样式

碉楼与村落分布图：1. 寨碉　2. 界碉　3. 村落

通常，这些单体碉楼归村集体所有，由村民们共同建成，被称为寨碉。年代最久远的碉楼可以追溯到唐代，得益于丹巴相对封闭的地理位置，如同化石般被保留下来。

比起藏式碉房，碉楼因为不合常规的高大，它的起源和工艺更令人好奇。在中国传统古建筑里，一般只有宝塔或者应皇权之命而起的琼楼宫阙才会达到和大型碉楼一样的高度。丹巴先民为什么要建造如此尺度的碉楼呢？

战时防御或许是原因之一。丹巴在秦汉时期是多民族聚居的地区，经常发生部落冲突。碉楼建在险峻的山崖或河谷边，可以充分利用高山峡谷的地形进行防守和警戒。到了唐代，丹巴地区成为大唐与吐蕃——核心区域是今天的西藏地区——两大王朝的夹缝之地，建造碉楼的技术因战事而不断发展，也因此，古代建造的寨碉被细分为烽火碉、界碉、风水碉、战碉。元代，当地土司[1]形成了自己的势力范围，他们和一些大户人家有技术和财力建造样式更丰富的碉楼，大量高碉正是从元朝开

---

1 土司：当地统治者的旧称。

始修建的。及至明清，碉楼的功能和规模都达到顶峰。在清乾隆年间，朝廷两次发兵攻打大小金川时，耗费了九千万两白银，调用了火炮和云梯，前后花了近七年时间，才攻下丹巴的千碉之国。

另一种对碉楼为何高耸的看法是由《后汉书》引申出的，"依山居止，累石为室，高者至十余丈，为邛笼"。邛笼，是丹巴碉楼过去的称谓。有学者认为，邛笼的"邛"字在古语中与"琼"字相通，义为大鹏鸟。邛笼，就是大鹏鸟的巢穴。大鹏金翅鸟，正是丹巴地区的原始信仰——苯教——的崇拜对象。

苯教是一种万物有灵的信仰，在苯教的世界观里，有天上、空中和地下三界。因为日月星辰、阳光雨露都在天上，所以人们认为天是三界中至高无上的存在。碉楼之所以高耸，也被认为是信者对于天空的精神响应。筑高碉，下住人，上敬天。

碉楼无论起源于信仰还是防御，都是人们愿力和意志的凝聚。这份坚定的起始是选好一块石头。邛崃山脉的岩石，

岩石的横层

尤其是沉积岩类，大多具有天然形成的横层，开采方便，只是难得方正规整的大石块。丹巴先民们便顺应自然，把零碎不一的大小石块加以巧妙组合，并用黄泥作黏合剂。

在一面石墙的构成里，体积偏大的石头会被安排在碉楼的转

角和外侧位置。在垂直面上，匠人会把大石头按"品"字形堆叠，再用细碎的岩石填满大石间的缝隙。而在水平面上，也就是构成墙体厚度的剖面，匠人会挑选出形状能够互相咬合的石头，拼合成一个规整的长方形。他们必须保证并排的两块大石之间留有十厘米左右的空隙，让第三块形状匹配的石头能够嵌入，形成三角稳定，再用小石头填满剩余的缝儿。

为了压实水平面上摆放的大小石头，让墙体更加稳固，匠人会优先找一块厚重颀长的石头（这种石头被称为"过江石"）覆盖整个石墙的厚度方向。

1	2
3	

1. "品"字形堆叠

2. 用大石和碎石拼合长方形

3. 用过江石压实

(x. 厚度　y. 长度　z. 高度)

如果找不到"过江石"，他们就会用一小块长条石作为"桥梁"，在厚度方向上，让两边的石头压在"桥梁"上，且其中一边的石头要覆盖长条石的一半多。两种方式灵活变换，墙体就不容易垮散。

在堆石的过程中，最难也最巧妙的功夫，是让每一块石头各得其所。要兼顾上述三条砌石准则，用数学语言描述，就是使墙体里的每一块大石头在X/Y/Z轴上形成恰当的拼合和交叠。

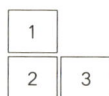

1 将一小块长条石作为桥梁

2. 一石压三，保持水平面咬合

3. 垂直面保持"品"字形

(x. 厚度　y. 长度)

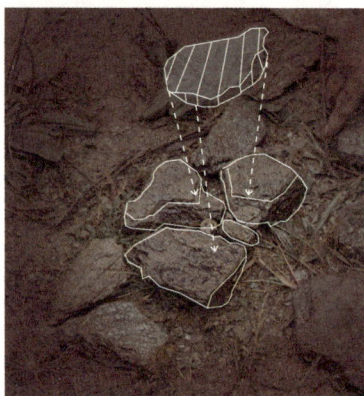

每砌起 1.5 米左右，工匠要为墙体进行一次找平，并放入木条作为墙筋增加韧性。同时，这段 1.5 米的墙体外立面要做轻微拱起凸出的处理，在下雨时起到排水的作用，减少墙面渗透。

　　碉楼外墙下宽上窄，内侧保持垂直，这种设计称为墙体收分，不仅减轻了建筑的自重，还能通过降低碉房的重心，增强建筑的稳定性。一些碉楼的下部墙体厚度可达 1.5 到 2 米，顶部收至 0.5 到 0.6 米。梯形结构的稳定性容易理解，但就像搭积木，堆叠得越高，细节上的偏差就越明显，量变达到质变时就会倒塌。建造几十米高的碉楼，难度可想而知。

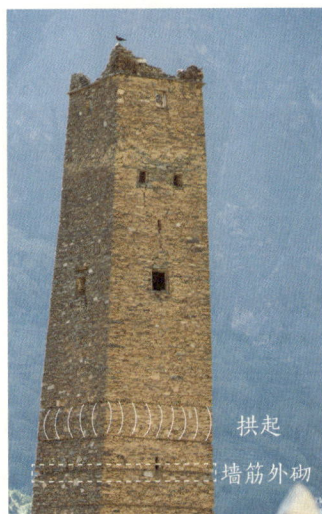

拱起

墙筋外砌

1. 找平　2. 墙筋　3. 防水原理示意

内部空间

墙体

墙体外观图　　　　　墙体剖面示意图

　　垂直向天的形态决定了碉楼占地面积有限，内部空间紧张。因此，楼内没有多余的地方设置木柱，而是采用了石墙和木梁共同承重的结构。不过，刚柔并济的结合反倒增强了建筑的抗震能力。

　　搭建这个结构需要先在两面石墙间架三道木楼梁，随后把大量短木条（也称楼欠）按一定间隔平铺在楼梁上，楼欠和楼梁互相垂直，楼欠上再铺木板，最后用泥土覆盖木板，拍实。

承重结构：1. 楼板　2. 楼欠　3. 楼梁

独木梯

入口木梯

此外，碉楼内部的层高一般在三米左右，每层会留出一个楼梯口，配有独木梯。碉楼入口设在二楼或以上的位置，楼外会放一把木梯子。平时，大家可以攀爬进入，一旦遇到敌袭，把木梯抽起，便能轻松拒敌门外。

顺着独木梯攀援而上，每层空间逐渐变小，直到到达碉楼顶，视野突然变得开阔。十平米见方的平台四周，围墙呈月牙形，中间低，两边高，四角立着丹巴人崇拜的白石。

随着时代的发展，集防御、居住和储藏功能为一体的大型碉楼在战争中的实用价值不再，但藏民们仍会建造具有象征意义的家碉。家碉在某种程度上延续了碉楼展示社会地位及财富的作用，在丹巴，如果家里有男孩出生，父母便会为他建碉楼，每添一岁就加盖一层。待孩子长大成人的时候，一座气派的碉楼便落成了。

平台四角的白石

本地女性在婚恋选择中，会更青睐家里有碉楼的男性。

尽管如此，家碉旁的藏式碉房才是丹巴人居住和生活的地方。碉房高度通常为两到三层，规模较大的建有四层。一层用于饲养牲畜；二层设有煮食饮宴、迎客欢聚的锅庄，还有一个悬空的阳台厕所；三层是居室。由于碉房的墙壁厚实，门洞和窗户都非常窄小，因此室内显得较为昏暗。

第四层也就是顶层，被丹巴人视为整栋房屋里至高至净的地方，会设一间佛堂，相当于自家的"小寺庙"，里面精心摆放着一切关于精神信仰的物件，诸如唐卡、法器、经书、佛像、贡品和壁画等等。每天早晚，家人们会在专属佛堂里修行、做功课、祈祷礼拜。佛堂外是晾晒谷物的露台。

设在碉房天台的家碉入口

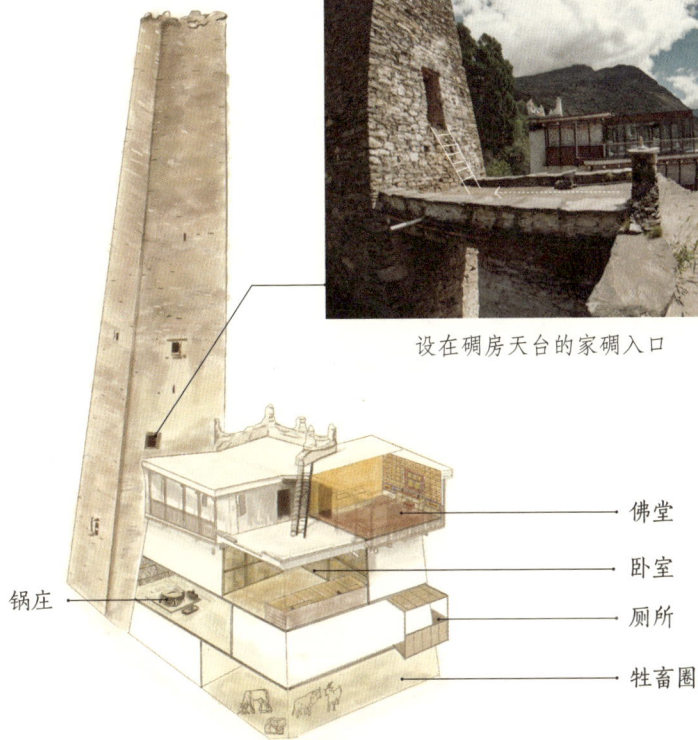

佛堂

卧室

厕所

牲畜圈

锅庄

藏式碉房透视图

碉房内部图：1.门洞　2.烟熏肉架　3.锅庄

佛堂

现在，丹巴村寨里年轻人变少了，他们感受过吹进峡谷的开放发展之风，大多去了城市谋生，不愿再回来建家碉。地处汉藏交界、民族走廊的千碉之国没有倒于炮火轰击，而是在现代化的发展中无声垮塌。

年代不同，人们的需求随之发生变化，这一点无可厚非。建筑的生命终点不是空置，而是被遗忘。所幸，丹巴人仍记得守护他们祖辈的石碉。除了尽力保护仅存的古代碉楼外，丹巴人一定会在碉房屋顶立起四个角，在四个角上安放神圣的白石。这样的屋顶被称为"拉吾则"，意思是曾经建有碉楼的地方。

拉吾则

福建土楼

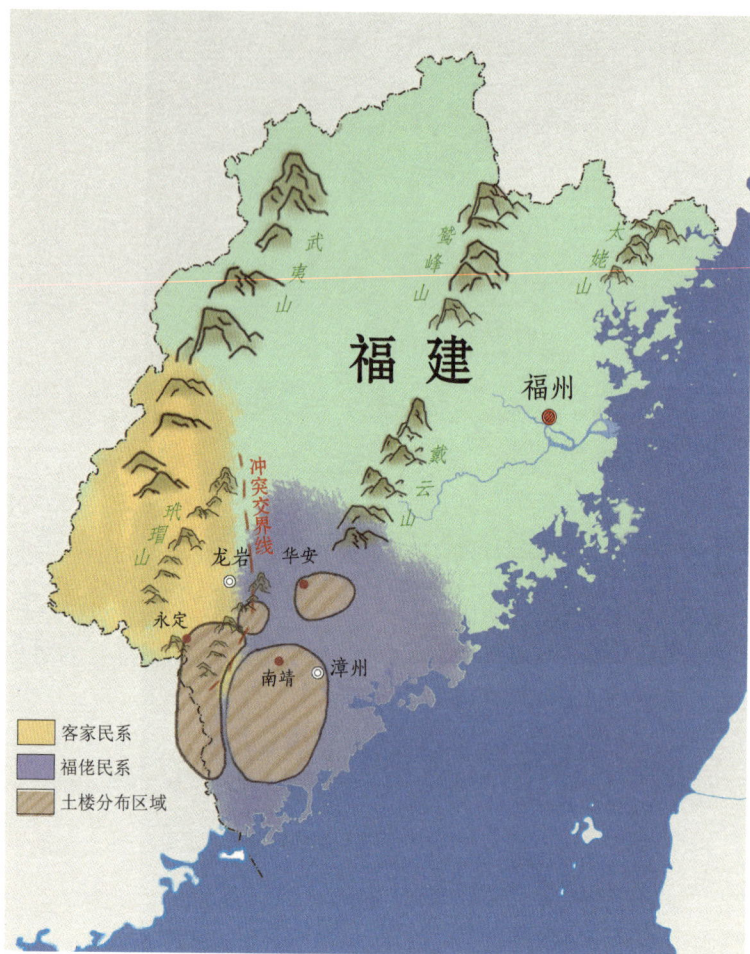

闽西南土楼分布与民系划分示意图

　　湿暖的季风从东海进入福建省，掠过海边仅有的一点平原地带后，便被绵延起伏的丘陵层层阻隔。武夷、戴云、鹫峰三道绵长的山脉分列于福建境内，塑造了福建"八山一水一分田"的格

土楼村落俯拍图

局。在闽西南地区的群山间，或圆或方的土楼星罗棋布，升腾着万家烟火。

　　土楼是防御性的民居建筑。一种说法认为，客家和福佬[1]两大民系的长期碰撞创造了土楼这种建筑形式。定居深山、人口渐增的客家人要往东扩张，而躲避倭寇的福佬人要往西迁徙。两大族群在山区相遇后，爆发了惨烈的土客大械斗。此后，冲突不断，加上洪水、倭寇、猛兽等不安定因素，双方都改变了原有的居住方式。这种变化的基本逻辑是将建筑的防御力最大化，把每家四堵墙熔铸成百家一面墙。

　　在成形的土楼出现之前，生活在闽西南地区的先民还是遵照

1　自北方南迁的中原移民与闽西南的原住民融合，形成了客家和福佬两大民系。

传统，建造合院式住宅，一个大家族虽然聚集成村，但各户独立居住。外部威胁不断升级后，传统合院单薄的围墙和分散的门户暴露出明显的防守弱点，族人便将房子集中建在一个大院子里，在外围筑墙来形成防御。这种建筑形式俗称"土围子"。

随着院子外围的厢房持续加高、扩建，楼体逐渐代替了围墙，兼具居住和攻防功能。当院子正门也被改为楼体后，五凤楼就此诞生。土楼的第一次升级改造，就是在保留四合院形态的基础上实现了"以居为墙，以墙为居"。

在土楼的第二次升级中，四面楼体被拔高到同一高度，并从此前的方楼形制发展出圆楼。用等量材料建造，圆楼的面积是方楼的 1.27 倍，其环形结构不仅能提升空间利用率，更均匀分散了地震时产生的冲击力，使房屋的稳定性产生质的飞跃。尤其关键的是，圆楼抹去方楼四个角的转折，将瞭望视野拓展到了 360 度。

不难看出，土楼的外墙和外圈建筑承担着防御重任。其中，外墙也是建筑结构上的承重墙，因此每一寸都必须扎扎实实。这就离不开行墙与献架两道核心建造工序。行墙是夯土墙[1]，要先用模具夯出一版[2]土方块，再将统一规格的土方块垒成高大厚实的墙体。献架是指每夯筑完一层楼高的土墙后，在墙顶挖出凹槽来承放木梁，再由木匠搭建该楼层的梁柱结构。行墙与献架交替进行，土

---

1 建造土楼用的是三合土，也称"熟土"。由山上的黄土加入泥土、沙石、石灰渣、石灰水，按照一定的比例混合发酵而成。

2 每一副模具所筑成的土方块称为"一版"。

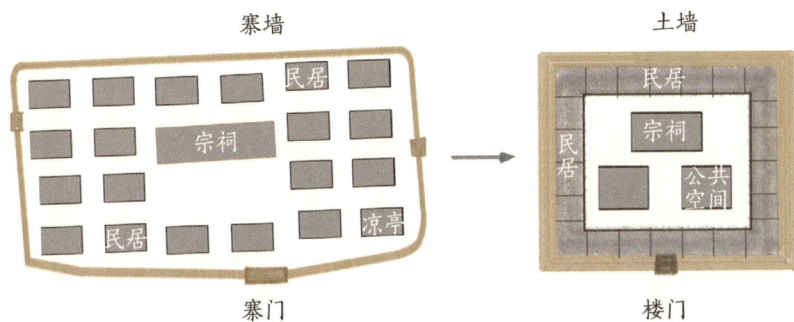

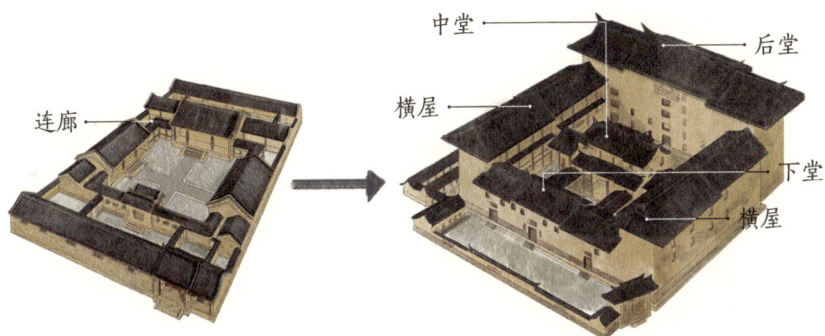

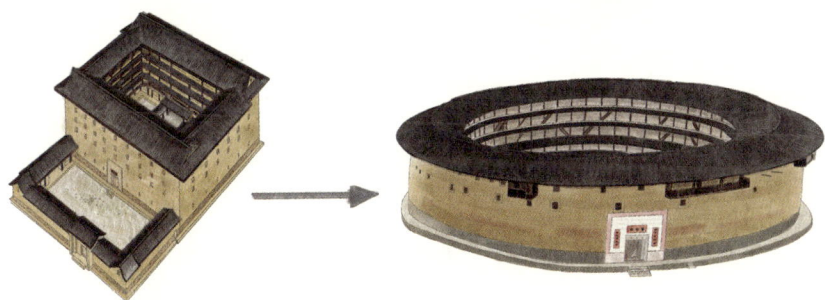

寨墙　　　　　　　　　土墙

民居　　　　　　　　　　民居

宗祠　　　　　　　宗祠

　　　　　　　　　民居　　　　公共
民居　　　　凉亭　　　　　　　空间

寨门　　　　　　　　　楼门

中堂　　　　　　　　后堂

连廊　　　　　　横屋

　　　　　　　　　　　　　下堂

　　　　　　　　　　　　横屋

1. 传统村寨布局演变为"土围子"

2. 四合院演变为五凤楼

3. 标准方楼演变为标准圆楼

1
2
3

楼便像一株巨大的植物破土而出节节高。

　　虽然工艺听起来并不复杂，但实际建造的过程中有很多费时耗力的细节。例如，浇筑一版土方块需要分四到五层进行，每两层之间还要加入浸泡过石灰水[1]的杉木条或竹片作为墙筋，以增强土墙的拉力和韧性。此外，土方块必须一圈一圈垒起来。每圈墙体成形后，要等它自然干燥，工匠修整完表面后才能继续垒下一圈。完整砌成一层楼高（约3.6米）的墙体，需要走完八圈，花费一年时间。

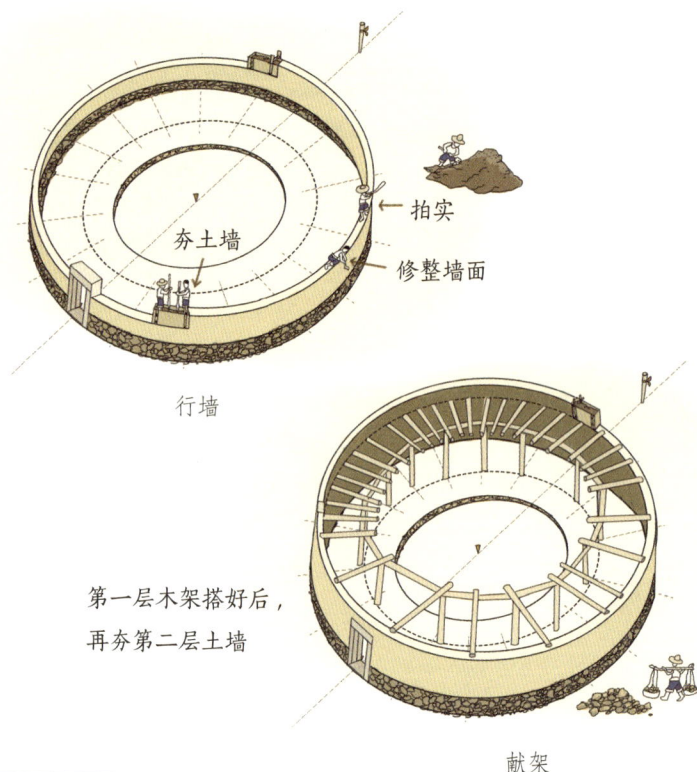

夯土墙

拍实

修整墙面

行墙

第一层木架搭好后，
再夯第二层土墙

献架

<hr>

1　浸泡过石灰水的杉木条或竹片可以防白蚁。

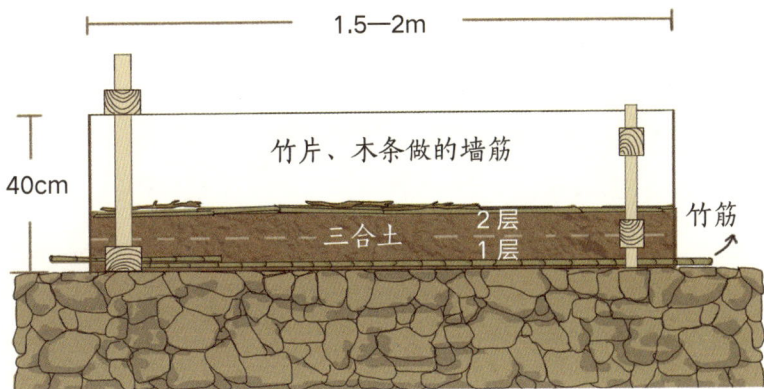

一版土方块的构成

因此，顺利建造一座土楼少不了运气。以规模巨大著称的承启楼，外圈直径七十二米，可容纳八百多人。在行墙和献架的那几年竟然很少遇到大雨，族人心怀感激之余，便把承启楼称为"天助楼"。"谋事在人，成事在天"正是建造土楼的法则。

为了发挥建筑最佳的防御效果，土楼外墙除了本身就足够坚实外，还设有配套的门窗机关。有的土楼会在大门门板上留出小洞，洞口连通着位于二楼的水槽。一旦大门遭受火攻，楼内的人便可以将水倒进洞里，形成水帘，浇灭火势。窗户则设

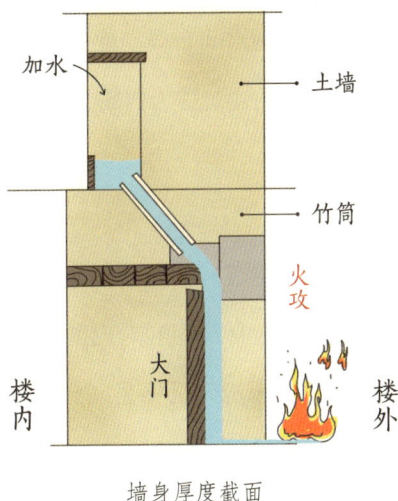

墙身厚度截面

角楼

计成了外小内大的梯形方孔，方便射击。部分土楼还在顶层加建了用作观察点和射击点的角楼。

外墙抵御了外忧，但关上门后的生活也不简单。为了妥当安排数百人的饮食起居，族长和楼主作为土楼的总设计师必须合理规划楼内的空间布局。他们把依附在外墙上的建筑圈定义为外圈，内部独立的建筑称为内圈，而中央区域则保留为公共空间。

外圈

外圈建筑有三层高，分别对应三种功能。一楼是厨房和用餐的地方，包括房间和对应的室外空间；二楼是储存粮食和物品的仓库；三楼房间是休息睡觉的卧室。每户人家至少有一间厨房、一间仓库和一间卧室，而这三个房间是根据家族商议灵活分配的，并非固定在同一竖排里。这就相当于把一个家的三个功能空间拆

土楼格局分布

分到三层楼里，用垂直叠加的方式代替了平层布局。这种设计不仅节省了用地，更从空间上体现了土楼的平均主义。楼内的每个家庭都住在大小、格局相同的房间里，即使身份显贵者也不例外。

一些规模较大的土楼也建有第四层，如南靖的东倒西歪裕昌楼。在裕昌楼顶层，除了普通房间外，还能看到随意堆放的棺材。这种利用空余地方放置棺材在过去或许是常见的做法，毕竟在很长一段历史时期里，当地人的生老病死都在楼内完成。

在动辄一百多米长、三层高的外圈楼体里，如何分配空间、合理设计上下往来的动线，是对楼主的重大考验。设计者林鸿超就把振成楼的外圈依照八卦划分成八个区域，每一卦六间房，设楼梯和拱门，闭门即独立成院。而初溪村的集庆楼则以楼梯多出名，七十二道楼梯左穿右插，户户通达，但看上去让人眼花缭乱。

一户＝卧室＋仓库＋厨房

卧

仓

厨

寿

震　离　兑　乾　巽　坎　艮

坤

1. 一般土楼三个功能空间的垂直分布

2. 裕昌楼第四层

3. 振成楼按八卦分配每层楼的房间　4. 集庆楼七十二梯子

1	
2	
3	4

044

内圈

内圈建筑承载着社交、教育、礼俗等发展型的功能，大多用作客人的厢房、看戏的楼台、传授家教的书房、妇女刺绣的闺秀房等。在格局上，与外圈形成同心圆，层高不超过两层。承启楼当属精密布局的代表，它圆中圆，圈套圈，上上下下四百间的设计，最大化地利用了内圈空间。在内圈建筑密集的土楼中，道路和动线的规划需要兼顾通风散热的实用性、日常生活的便利程度以及紧急避险的安全性。

中心

传统土楼在中心区域大多设有宗祠、家庙，承担祭拜与议事、宴饮的功能。但一些离经叛道的家族选择将土楼中心留空。环极楼凭借其浪漫的楼名和独特的空心圆设计，赢得了"环绕北极星的土楼"这一美誉。在世人眼里，中空的圆心是为了装载永恒的星宿。

另一类中心留空的土楼集中建造于二十世纪五六十年代。因为历史原因，能够容纳更多人口的土楼在当时更具优势，而中间的公共空间也能给劳动人民提供活动场所。

当人与人之间的生活距离如此贴近时，只有立规矩、守规矩，彼此才能相安无事。而在面对敌袭、火灾等突发情况时，这种秩序感会进一步升华为集体责任感与临危不乱的应对能力。无规矩不成方圆，是对土楼最恰当的形容。

部位	功能	位置	规矩
门铛 	用作门铃	土楼大门	夜间大门关上后，晚归的人拉响门铛要遵从规范。比如老三家的人要拉三下，铛铛铛
半门 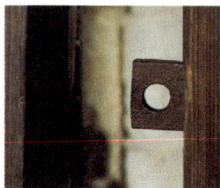	示意屋主是否回家	一楼厨房	屋主外出时，如果关上了厨房的半门和正门，说明这家人晚上不归家 如果只关上半门，敞开正门，说明晚上一定会回来
衣橱 	放换洗衣物	一楼厨房门边	早上，人们把干净的衣服放到厨房旁的柜子里。傍晚回来后可以直接洗澡更衣。这是一个小家庭的作息流程

部位	功能	位置	规矩
观音座	区分公共与私人区域	楼梯尽头的墙面	墙上摆放观音像的小洞形状如果是尖顶的，暗示客人可以继续往上走；圆顶则表示客人不便再上楼
水仓	储存消防用水	三楼走廊	负责轮值的人每隔五到七天就要检查水量，如果水仓里的水不够了就要到楼下挑水补足

    土楼里的居住方式意味着个体权利向集体让渡，同时也把集体的责任分摊到个体。物理空间的平均虽然不意味着消除了贫富贵贱，但在封建时期的社会环境里，这种实实在在的集体主义有其特殊的历史意义，它不仅支撑族人从严酷的环境中幸存下来，也将家族团结的意志传承给后人。

从现存得到保护和开发的土楼来看，自清朝后，因经商、出仕而兴盛的家族，建造了越来越多构思精妙、气派不凡的土楼。这些曾经让族人为之自豪的土楼，在现代化的过程中却成了落后的"围城"。直到2008年，剧情再次反转。福建土楼成功申报世界遗产后，一下子成为全世界游客眼里的宝藏，被赋予了越来越多的新价值。极少数始终守着土楼的"井底之蛙"成了第一波旅游红利的受益者，他们优化内部空间、改善基础设施，使土楼成为人们了解中国家园精神的窗口。

今天，年长的一代还记得，在客家人的土楼里有个习俗：婴儿出生后，长辈会把胎盘包裹好，埋在厨房门下的土地里。他们希望孩子无论日后有多大的成就，走遍天涯海角，都不要忘记方圆土楼是人生的起点。正如振成楼楼主林日耕先生的一番感言："没有这个家，一切都是假的，靠你自己单独一人，什么都做不成。国家是个家，土楼是个家，一家三口也是个家。有家真好。"

在土楼门口玩耍的孩子

古徽州民居

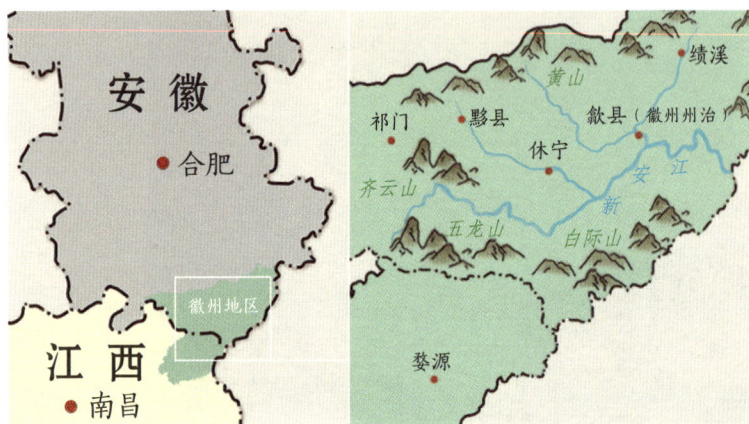

北宋宣和年间徽州地区示意图

所谓"一生痴绝处，无梦到徽州"，在汤显祖的描述中，闻名于世的徽州村落是一个沾染了金银气息的富商家园。无论这句诗中隐含的情感评判是褒是贬，一个不争的事实是，在数千年的农耕文明里，民间百姓往往只能在有限的资源中构筑栖身之所，而徽州展现了由壮大崛起的民间力量所缔造的建筑和文化体系。可以说，这里的一砖一瓦都凝固着徽州人创业离家、富贵安家、商仕传家的集体记忆。

徽派建筑源于古徽州。古徽州的覆盖范围与宋徽宗时期所设的徽州府大致重合，也就是今天安徽省东南部的黄山市及其周边一带。这是一片群山环绕的隔世之地，早有古越先民建造干栏式房屋在这里安居。魏晋之后，大量移民为躲避战乱从北方迁入。至南宋时期，全国政治经济重心南移，徽州聚落规模初具。因为山多地少，仅靠农耕不足以支撑增长的人口，很多徽州人选择离家创业，沿水路在全国各地做起买卖。在商品经济萌芽发展的明清时期，徽商势力到达顶峰。徽商贾而好儒，对他们来说，富贵不还乡，如衣锦夜行。一代代徽商在功成名就后，便用积累下的财富和见识创造了新家园。

富贵安家，自然要把家宅建设得气派、体面。但徽州地少人多，建村时需要优先保障耕地，这使得徽州人难以通过扩大居住面积，直接换取舒适的生活环境。于是，他们转而在村落规划与建筑装饰上，讲求审美意涵与文化表达；同时，在建造自宅时重构形态、升级建材，以满足生存之上更为细腻的品质需求。当然，解决雨季潮湿、易发洪涝等自然环境带来的挑战，是一切其他追求的基础。

新安江水系流经徽州全境，每逢雨季容易引发水患。为减轻损失，徽州村落在规划之初会重点考虑如何安排布置水口、水圳、池沼和水井等水利设施。其中，水圳就是水沟。而水口是人工挖开的池塘，与村子相隔一二里（500—1000 米），或因位于村落入口处得名，是徽州古村特有的设计。在雨季，水口能承接从村子里溢满流出的水，减缓河道压力。而在水口处种植的树林，如果能长得枝繁叶茂，在徽商眼里，也意味着能"锁住财气"。

在黄山黟县宏村有一套四百年历史的村落水系，将洪涝灾害的威胁转化为了"后枕雷岗山，前环腰带水"的诗意空间。宏村村后是高地雷岗山，西侧是西溪。每当山洪暴发，西溪漫出的水就会流入村中。一部分通过总长 1268 米的水圳，沿着大小巷道分流到每家每户的门口；剩余的水先流入村子中心的池沼月沼，再流到村南的水口南湖，随后排出村外河道，形成二级蓄洪的水利格局。而半环形的南湖也成为村子一处绝美的水岸景观。

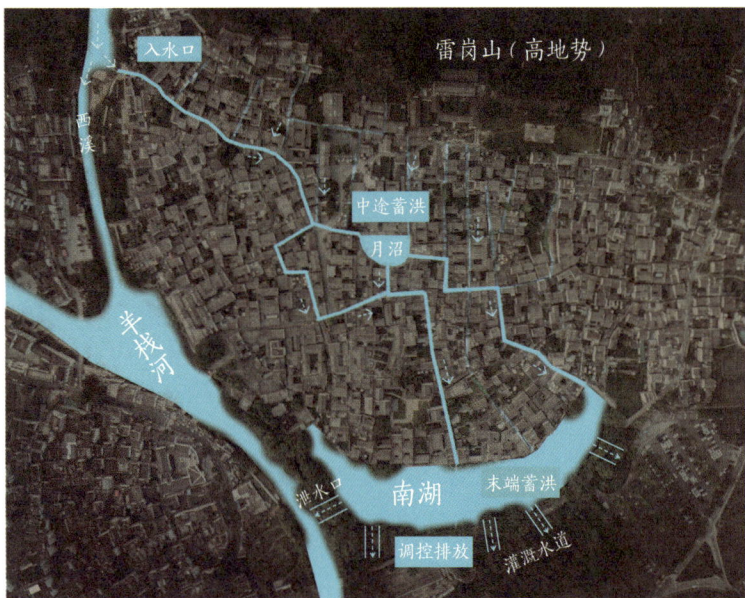

宏村水利系统

水口南湖

村内水圳

修筑河道、水圳，引水入村，不仅是出于安全和方便用水的考量，也利用了水的灵动来化解村落紧凑布局所带来的压抑感。徽州村落里有很多"一线天"式的小巷，只能容纳一到两人并行，这是因为民居院落的"楼间距"过小，而院墙又极高。与之相比，主街给人的感觉则是豁然开朗。村里较为宽敞的主街一般沿河而建，因而，主街又称为"水街"。站在水街上，人们看到的景色向纵深方向无限延伸，注意力会一下被吸引，忘却两旁紧挨的建筑。此时，远山、近水、粉墙、黛瓦构成了一幅天成的水墨画。

粉墙黛瓦呈现出的水墨意韵经常被喜欢传统建筑的人津津乐道，其实这是徽派建筑在升级形态、建材的过程中逐渐形成的美。古越先民的干栏式楼房是两层木构住宅，徽商见识了中原地区合院建筑的主流样式后，便把木楼建造成北方四合院的格局，但保留了两层的高度。木建筑一旦发生火情容易火烧连营，徽商有了财力后，为了防止火灾造成财产损失，还用青砖砌起与房子等高

1. 水街

2. "一线天" 式小巷

3. 徽派民居外观图

徽派民居演化示意图

甚至更高的院墙，把木楼完全封闭其中。砖墙如同一层铠甲，隔绝了宅院内外，起到防盗、防火的作用。

粉饰砖墙所使用的是当地常见的石灰岩——白垩。徽州地区夏季炎热，白墙可以反射阳光，且白色五行属金，最合徽商们的心意。有条件的人家会奢侈地在墙灰上混入蛋清、红糖，让墙面更加稳固。经历风雨的洗礼，白墙面里的石灰会逐渐风化成碳酸钙，呈现灰色，凝结成墙上的独特纹理。

在白墙上方，坡面屋顶和马头墙上铺设的青瓦片正是人们常说的"黛瓦"。合院天井四周的坡面屋顶，其屋檐出挑长度需大于地面台基的深度，使雨水能直接落到明堂，再经排水沟流走。明堂是指天井地面中央的一块方形区域。这一结构就是徽派建筑中著名的"四水归堂"，不仅能用于防水、排水，还因为徽商视水为财，兼有"纳财"的象征意义。

而马头墙被徽商认为是自家宅院的脸面，因此，在防火、防盗的基础功能上，也需要增加美学设计。马头墙以梯级造型取代了传统屋顶，逐渐衍生出各种生动的处理手法，如朝笏式、印斗式等。

1	2
3	
4	5

1. 四水归堂上方的坡屋顶　　2. 明堂

3. 两种马头墙

4. 印斗式方砖如印玺压墙头　5. 朝笏式长板弯曲上

宅院内精致的雕梁画栋与高墙上大块的留白形成了强烈反差，这是徽商在藏富与显贵中，找到的一种微妙平衡。厅堂和天井区域木构件上遍布着工艺精湛的徽州木雕，这些雕刻可以说是"物必饰图、图必有意"。

徽州人向来重视读书教育，因此，将学子的理想和追求高置头顶。在天花板上，经常能看到花和鲤鱼图案的靛蓝色国画彩绘，寓意锦绣前程，鱼跃龙门。这是徽商对后代以商仕传家的期许。

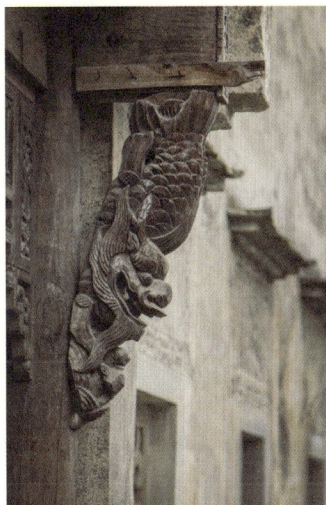

雀替为鳌鱼造型

冬瓜梁：《百忍图》的典故

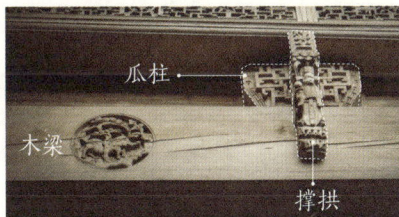

瓜柱

木梁

撑拱

木结构上的雕刻

木楼板天花

在徽州人眼里，"以商重文，以文入仕，以仕保商"是延续财富的重要方式。因此，他们用礼制教化后人，倡导读书为官，光耀门楣。忠孝、功名和教育成为徽州文化里重要的价值观。村落里大大小小的私塾和书院是重视教育最直观的体现。徽派书院的组建深受儒家礼乐思想的影响。礼体现在讲堂或藏书楼等核心建筑都是中轴对称、规制严谨的合院建筑。

乐则体现在书院中设有供师生休憩的园林或观景楼台，布局灵动。如宏村南湖书院，专门有一片园林区，站在园林区的望湖楼上凭栏眺望，可以将南湖秀美风景尽收眼底。礼、乐两种氛围和功能的建筑组合成书院，与现代校园提倡劳逸结合的理念有共通之处。

南湖书院的功能分区

宗祠则是展示族人功名和后代忠孝的场所。在修建宗祠时，徽州人会暂时搁置节省用地的准则，力求尺度宏大。罗东舒宗祠[1]是徽派宗祠的代表，家族中有人官至监察御史、大理寺丞，宗祠面积达三千多平方米。

　　罗氏宗祠的最后一进宝纶阁，进殿台阶有七级之多，规格仅次于象征九五之尊的九级台阶。檐廊十二根石柱一列排开，承托起一系列精雕细琢的木构件，上面画满了精细的彩绘。阁内一楼摆放祖宗牌位，二楼珍藏圣旨、黄榜、官诰和御赐等宝物，形成"君在上、臣在下"的礼制格局。

罗东舒祠

1　罗东舒宗祠：始建于 1542 年，明嘉靖年间。

罗东舒祠的宝纶阁

精巧的雕梁

梁柱彩绘

　　时光流转，徽商的巅峰时期在清末结束。时局政策和市场的变化，加上太平天国的战火侵袭，让这个富甲一方的族群风光不再。徽派村落的建设和发展也随之定格在那段失落的岁月里。但这丝毫没有影响徽派建筑在全国甚至国际上的地位。如今，西递、宏村成了世界文化遗产。粉墙黛瓦、四水归堂等形象也成了中式美学的标志符号。这里的新建筑上依然活跃着马头墙的身影，它们是徽州文化所孕育出的乡土建筑，是徽商精神的传承。

徽派民居常见格局

徽派民居有"凹"形三合院、"回"形四合院两种基本格局。一些人丁兴旺的家族会将这它们拼接起来，组合出更多户型

"凹"形

■ 厅堂　■ 厢房　■ 天井

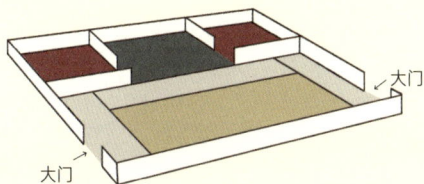

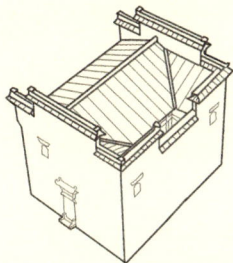

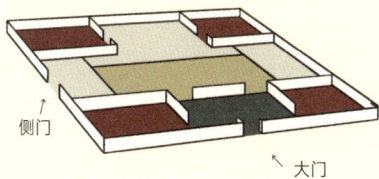

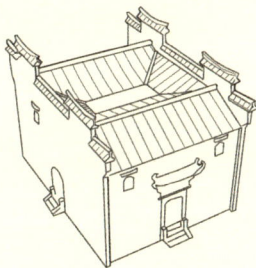

大门

大门

"回"形

■ 厅堂　■ 厢房　■ 天井

侧门

大门

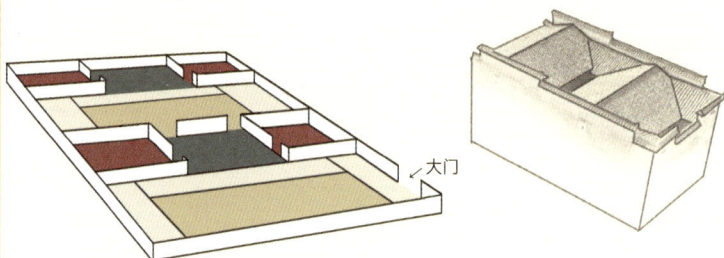

两个"凹"形背对背组合成"H"形

大门

■ 厅堂　■ 厢房　■ 天井

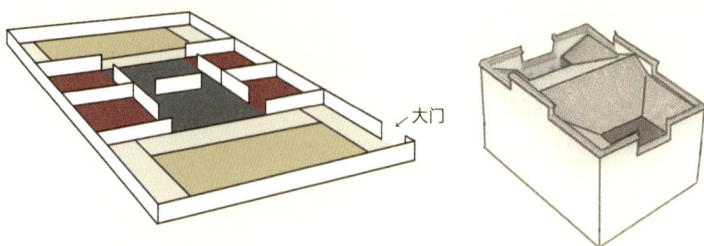

两个"凹"形前后排列

大门

■ 厅堂　■ 厢房　■ 天井

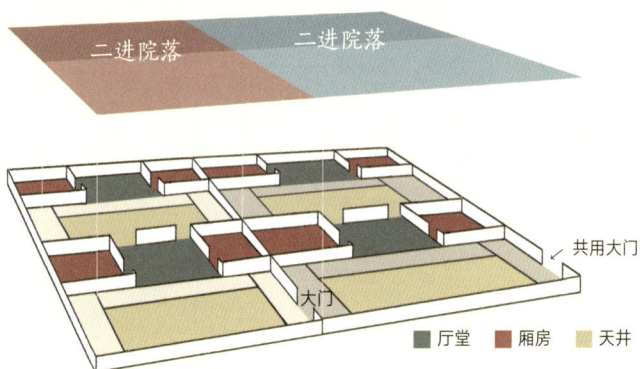

四个"凹"形前后左右组合

二进院落　　二进院落

共用大门

大门

■ 厅堂　■ 厢房　■ 天井

除了方正的格局外，在面积有限且不规则的地基上，也能看到一家多户
的大院将各个功能空间灵活组合在一起

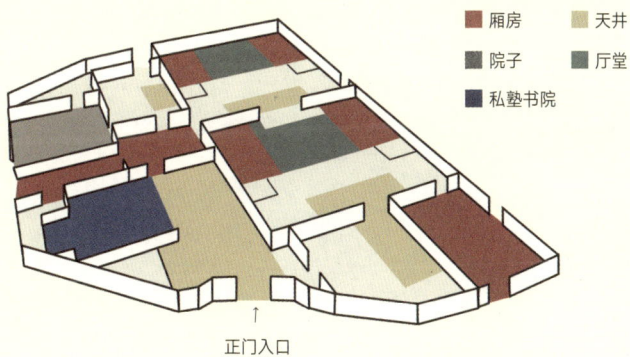

厢房　　天井

院子　　厅堂

私塾书院

↑
正门入口

大理白族合院式民居

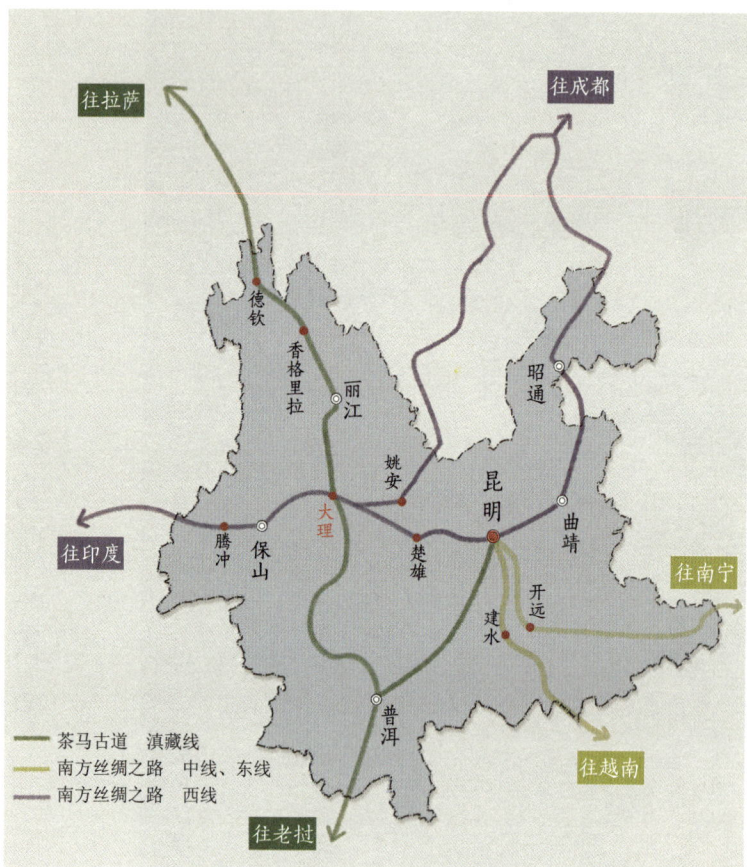

明代茶马古道与南方丝绸之路云南区域示意图

　　汉朝以后，随着南方丝绸之路、茶马古道等商贸网络的蓬勃发展，云南大理作为滇西交通枢纽的重要地位日益凸显，地位的提升促进了大理与中原地区的经济文化交流。在这个过程中，北方汉族将合院的建筑样式与匠作班底带到商路沿线的白族聚落，影响了白族本土建筑。缘此，大理白族的传统民居被称为"云南汉式合院"。

商贸驱动下形成的南北建筑交融，在大理云龙县的千年白族村落诺邓村有着生动呈现。诺邓村盛产井矿盐，明初，朝廷在此地设立了"五井盐课提举司"，负责生产、税课、行销等政务。因盐政北来的大量商贾和盐吏将他们习惯的汉族传统村落模板"搬"来诺邓。新起的建筑在形制上沿袭汉族合院的布局，装饰上融合了"三滴水"、照壁彩绘等白族元素，构成了汉、白两民族建筑艺术交融的立体景观。今天的诺邓村里，依然能看到明清时期修建的一百多座合院民居和题名坊、玉皇阁等历史遗迹。它们因诺邓村三面环山、相对封闭的格局被完好保留下来。

诺邓村的建筑分布沿山势垂直攀升，最低处海拔约 1900 米，最高处达 2300 米。建造在阶梯式的台地[1] 上，云南汉式合院以肉眼可辨的高差构建出空间上的等级秩序。标准的北方汉族四合院正房居中，坐北朝南，地位最高；东西厢房相对而坐，地位次于正房；之后是正房两侧和厢房一侧设置的耳房；在正房对面的大门（一般位于东南）一侧，背向街道的为倒座房，地位最次。而诺邓村的云南汉式合院在规模较大时，其正房、厢房和倒座房会被安排在从高到低的三级台地上，甚至部分厢房也会被拆分到两级台地。

---

1 台地：在依山势建造房屋前，需要平整出阶梯式的平地，此为台地。

诺邓村里建在山坡上的汉式合院

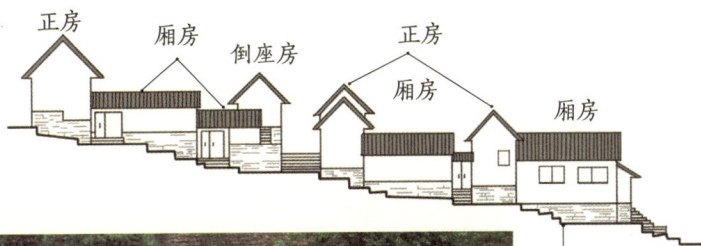

正房　　厢房　　倒座房　　　正房

厢房　　　　厢房

布局示意图

布局示意图

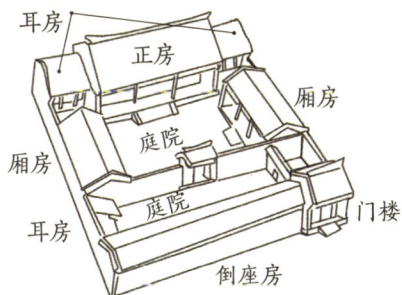

耳房

正房

厢房

庭院

厢房

庭院

耳房

门楼

倒座房

| 1 |
| 2 |

1. 白族阶梯式合院

2. 传统汉族合院

071

阶梯式的台地不仅压缩了房屋的进深或开间，也将北方汉族合院的开阔庭院凝练为云南汉式合院的斗方天井。村里的杨叶香院是汉式合院中规格最小的"一颗印"样式，院房宽度和长度相等，仅9.5米。天井上方屋檐合围出的面积只有一平米见方，诺邓村民亲切地称之为"袖珍小院"。之所以要在这么小的合院中保留天井，是因为诺邓雨旱季分明，降水集中，合院需要加建宽檐廊（当地俗称"夏子"）防止墙面渗水。夏子虽然有利于排走雨水，但也会遮挡阳光，天井便成为汉式合院中唯一能增加采光的珍贵空间。

"一颗印"户型的杨叶香院

　　除了调节采光外，天井在诺邓村规模最大的合院样式"四合五天井"中，也有像玄关一样衔接内外空间的功能。由于"四合五天井"的正房、厢房和倒座房两侧都建有规格较小的耳房，四个角落便自然合围出四口小天井，与中央大天井构成"五天井"

格局。此时，大门通常安排在某一口小天井处，为宅院增加入户后的过渡空间，保护隐私。

诺邓村的"四合五天井"黄家瑞院还打造了一个小院子和漏角天井处的大门相连。小院子用来圈养牲口、堆放杂物。通过这一设计，明确了人居空间和其他空间的界线。

"四合五天井"户型的黄家瑞院

显然，"四合五天井"的大门方位偏离了北方汉族合院中轴对称的定式，这在诺邓村并非特例。大理地处横断山脉与云贵高原过渡带，常年受强西风或西南风侵袭。云南汉式合院的朝向及大门方位都以避开主风方向的原则来安排。民间也流传着"大理有三宝，风吹不进屋是第一宝"的俗语。在依山而建的情况下，诺邓村里的建筑多为坐西北，向东南，用合院的山墙面御风。

漏角天井

诺邓村的房屋朝向

　　台地高差、各种规模的布局以及非中轴对称的特点构建出云南汉式合院独特的空间伦理。而在吸收汉族的建造工艺后，白族格外注重建筑的装饰，以此彰显家族的财富、权力。

云南汉式合院的门楼与北方汉族合院一样，是家族的身份象征。在诸多样式里，"三滴水"门楼以多层斗拱和雕花门楣承托一高两低的翘角飞檐，最显精致华丽。起初，这种样式仅限官宦人家使用，后来不少富室大家也纷纷效仿。

绘画

瓦当

木雕

"三滴水"门楼

有条件的人家会在外墙的中段用一层砖包裹夯土墙，称为"金包银"，然后在上段的墙面粉刷上白族最崇尚的白色，让房子在一片土黄之中跳脱而出。

照壁是白族民居装饰艺术的集中体现。照壁在汉族传统建筑中原本是正对大门而建的墙壁，核心功能在于区隔内外空间，保护宅院隐私。白族人把照壁直接用作一堵院墙，创造出云南汉式合院里最常见的民居样式——"三坊一照壁"，并以"三滴水"的

上段墙面粉刷白色的汉式合院

形式强化美学和礼制的表达。

"三滴水"就是将照壁顶部分三段屋檐瓦面——左右低，中间高，形成阶梯结构。中间檐段的高度通常控制在两侧厢房主檐之下，保证照壁的层次美。照壁宽度与正房开间等尺，随合院规格变化，也有独脚照壁、"五滴水"照壁等形制。

壁面则分为两个区域：瓦檐下用作彩绘的方格画框，被当地人称为"书厢空"，里面可以描绘各种山水花鸟、人物典故、诗词字句。壁面中间的空白处通常留作书法题字。每一幅照壁题字，都代表一个姓氏，一种家风，彰显了白族独有的审美情趣和价值取向。

"三滴水"照壁

"五滴水"照壁

玉皇阁宫殿

民居宅院之外，公共建筑同样带有浓厚的汉文化色彩，最具代表性的就是大型道教建筑群玉皇阁。玉皇阁始建于嘉靖年间，主体建筑依旧采用阶梯式合院布局。其中，玉皇大殿居于正房位置，是一座三层高的楼阁建筑。大殿内部架空，在一楼便可抬头看到绘有"二十八星宿图"的华丽藻井。后来，玉皇阁内也修建了供奉孔子和关帝的文庙、武庙，移植汉族的民间信仰。

诺邓村的另一个公共空间台梯子集市则见证了这里的经济活力。在明清时期，因盐业、贸易聚集在诺邓的灶户、马帮、商贾和盐吏曾经给村子带来了源源不绝的商机。村民时常沿着一条状似天梯的主干道摆摊做生意，逐渐形成了周期固定的集市。集市没有具体的物理形态，却承载着白族建筑与村落的文化底色：以开放包容的胸怀，广交天下的人、事、物。

台梯子集市

而今，繁华的台梯子与提举司已成历史云烟，诺井也在1996年封井停产，这些标志着一个古老的商贾时代悄然落幕。然而，漫步在诺邓村，袅袅炊烟从家家户户的合院升起，屋檐下悬挂的诺邓火腿宛如岁月的笔触，续写着诺邓村与盐的不解情缘。

云南汉式合院的常见格局

—— 坊与耳房 ——

坊是汉式合院的基本构
成单元,一坊即一座两
层高、三开间的建筑

耳房是附属于坊的建
筑,整体尺度都小于
坊。经常与坊搭配建
造,形成中间高两边低
的格局

坊

耳房

耳房

三坊一照壁

白族最普遍的合院样式,
由三间坊和一面照壁组
成。作为正房的一坊两侧
设有耳房、照壁与正房相
对而坐

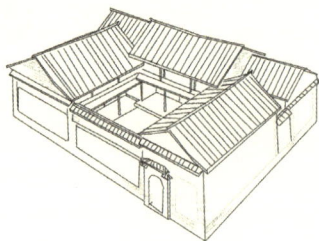

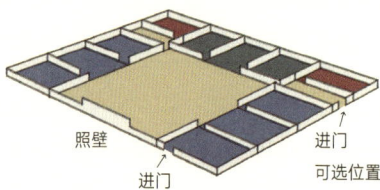

■ 坊(正房)　　■ 坊(厢房)
■ 耳房　　　　■ 天井

照壁

进门

进门

可选位置

080

一颗印

汉式合院中最小的布局，由一间坊、两间耳房和门楼组成

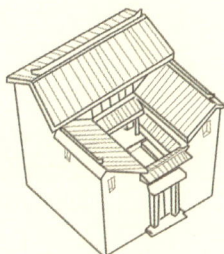

- ■ 坊（正房）
- ■ 耳房（厢房）
- ■ 天井
- ■ 倒座房（门楼）

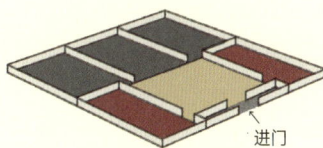

进门

四合五天井

比较标准的四合院形式，由四座带耳房的坊围合而成

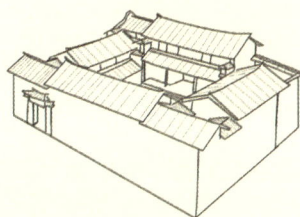

- ■ 坊（正房）
- ■ 坊（厢房）
- ■ 耳房
- ■ 天井
- ■ 倒座房

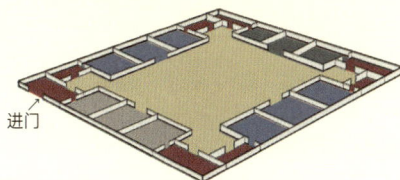

进门

除了方正的合院格局外，在诺邓村等白族的山地村落里，还能看到不规则的组合套院，这些都是民居因地制宜的体现

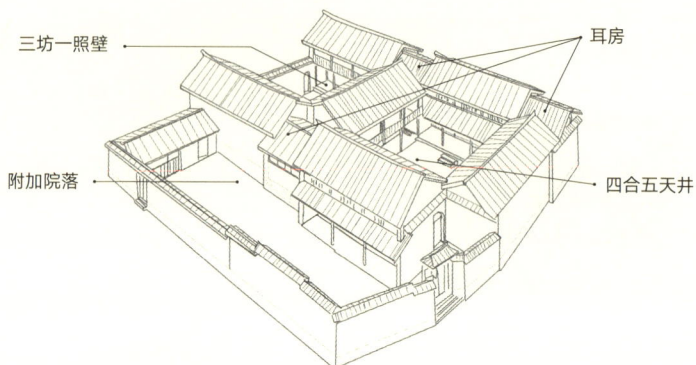

三坊一照壁　　耳房

附加院落　　四合五天井

三坊一照壁　　耳房

坊

进门

进门

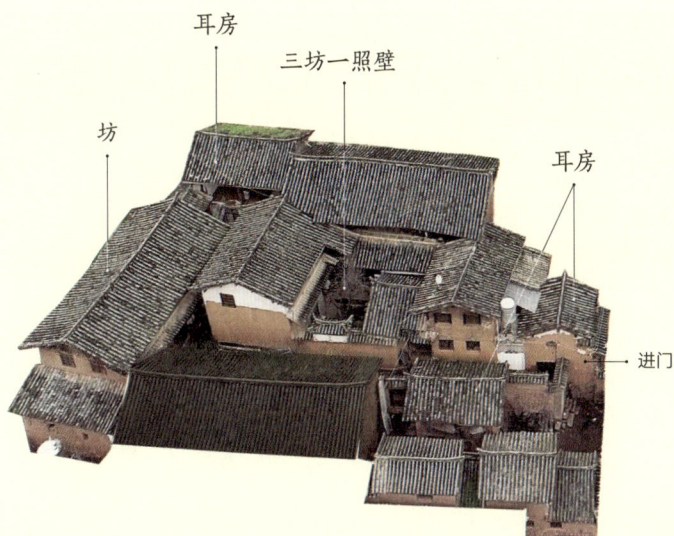

耳房　三坊一照壁　坊　耳房　进门

耳房　照壁　坊　照壁　前导空间　坊　进门

红河哈尼族蘑菇房

青海

西宁

阿尼玛卿山

巴颜喀拉山

雅砻江

大渡河

金沙江

四川

成都

长江

怒江

云南

大理

元江

无量山

澜沧江

楚雄

昆明

红河

远古时期
游牧民族

战国时期
转型农耕

隋唐时期
山地农耕

稻米之路——云南哈尼族迁移路线示意图

相传，云南哈尼族的先民是青藏高原上的古羌族。由于人口增加、食物资源紧缺，部分族人选择南迁，在四川短暂落脚后，最终定居在红河、澜沧江的中间地带，也就是哀牢山[1]与无量山间的广阔山区。经过世代耕耘，族人开垦出雄奇壮美的哈尼梯田，完成了游牧向水稻种植的生产转型。

今天的哈尼梯田因成功申遗，成了旅游景区。商业开发的浪潮下，大量哈尼族传统民居蘑菇房被改建为混凝土民房，茅草屋顶、土木结构的原始蘑菇房仅存不到 2000 座。唯有在梯田深处的阿者科村，完整保留了四素同构生态系统、六十余座蘑菇房和寨神林祭祀等民俗活动，被形容为"最后的原始蘑菇村"。

阿者科村

1　哀牢山并不是一座山，而是一片横亘在云贵高原与横断山脉分界线上绵延数百公里的群山。下文出现的哀牢山特指哈尼族所在的红河州哀牢山区。

哀牢山南部降水多，气候垂直变化明显：山低处炎热潮湿，山高处又过于寒冷。因此，阿者科村选址在海拔1800米的半山腰位置，这么做虽然避开了相对极端的气候条件，但也造成用水、生产的不便。为了解决这一问题，哈尼族创造性地构建了四素同构系统。

四素同构的"四素"即森林、村寨、梯田、水系循环。山顶森林在雨季涵养水源，在旱季缓缓释放水流。村寨被安排在高于梯田的地方，以确保山泉流下后，优先供给村民用水，再灌溉下方梯田。在这个过程中，地表流淌的水一部分渗入地下，另一部分在山脚汇入江河，通过蒸发、降雨等作用，重回山顶森林。

人工"水系"是激活四素同构系统的关键。为了实现分流，哈尼族搭建了由水沟、水闸、刻木分流装置等组成的供水网络。水沟盘山而行，接引源头处的山泉到村寨田户。水沟交汇处，石头可以充当简单的

哈尼梯田村落四素同构系统

水闸，控制水的流速、流量和流向。而当同一水源要供给多个村落使用时，需要各方协商好水量分配，在横木上按比例刻凿成沟，再

1. 阿者科村水源水系分布

2. 山林间水沟　3. 村内出水口和水渠

4. 以石头控制水流　5. 刻木分水

架设于入水口。这是哈尼族独创的刻木分水法。

　　水系非一日建成，更需要长期维护，尤其是延绵数百里的水沟，因为并未使用管道技术，都是窄小的明渠，经常会被枝叶或沙石等杂物堵塞。为了守护这些脆弱的"血管"，村中会推举出一名"沟长"，负责定期检查和清理水沟，并根据汛期和枯水期的不同情况来调节分水口的水量。

　　选址在多雨潮湿的山区，另一个需要解决的问题就是如何给土木结构的蘑菇房防水。蘑菇房高三层，外墙一般用土坯砖堆砌而成，有条件的家庭会选择防水性更好的石材；内部则普遍用木料来承重或划分空间。山区丰富的森林资源给哈尼族提供了天然建材，但木头要格外注意防潮，夯土墙也需要避免被雨水侵蚀。因此，哈尼族的蘑菇房都配有一个厚重的茅草屋顶。

蘑菇房

茅草与 45 度倾斜的坡面屋顶配合，可以快速排走雨水，作用如同导水管。同时，茅草也能吸收少量下渗的雨水，在遇水膨胀后，变得更加致密，强化屋顶的防水效果。

　　屋顶结构分为四层。为了固定茅草顶，正脊处会用一根木棍压实，并在茅草和屋架之间加设麻花状的茅草辫，通过增大摩擦抵御山风。一般来说，房顶的茅草大概三到五年就需要更换一次。

茅草遇水膨胀

茅草顶
挂草条
木　椽
屋　架

屋顶结构

茅草辫

除了防水功能，茅草屋顶良好的透气性也能保证房屋安全。蘑菇房二楼都设有火塘，让烧水煮饭、熏蒸腊肉产生的烟驱散湿气和蛀虫，保证木梁柱和楼板的干燥结实。当烟雾从茅草顶排出，一个房屋内部的干燥循环便形成了。虽然室内空间会因此被熏黑，但这层"着色"正是一座房子健康的表现。一些蘑菇房在改造后不再使用火塘。虽然房内看着壁面洁净，但梁柱上虫眼密布。

透气散走

烟熏楼板

烟熏腊肉

煮食取暖

蘑菇房透气原理示意图

梁柱上的虫眼

至于蘑菇房的屋顶为什么仍要保留露台，原因是山区的平地相对较少，在屋顶晒谷可以有效利用空间。当晒谷时遇到突如其来的云雾阵雨，村民可以快速回收谷物。

火塘和生活空间

粮仓

牲畜栏

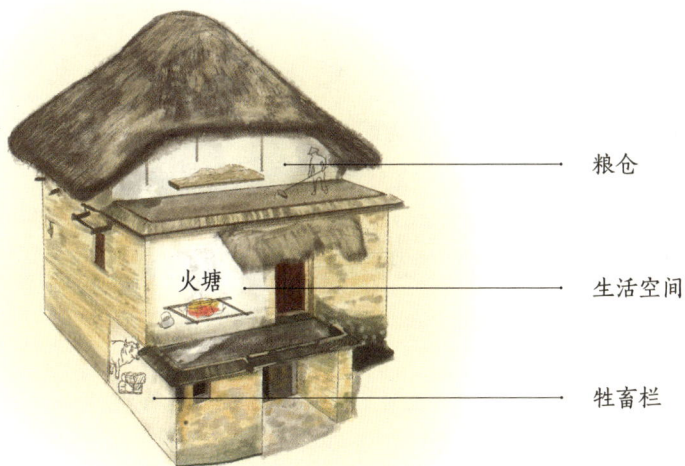

粮仓

生活空间

牲畜栏

蘑菇房透视图

自然将林木山泉和野生茅草"赠予"阿者科的村民，让他们得以在此繁衍生息。为感念造化之力，表达对天地的敬畏，阿者科村在周围保留了一片寨神林。每年春耕前，村里的摩匹都会主持仪式，带领全村的人一起祭拜寨神林，祈祷来年风调雨顺、粮食丰收、族群安宁。摩匹既是主持祭祀的祭司，也是哈尼族文化传承的核心角色。哈尼族因为没有自己的文字，长久以来，整个文化全靠口耳相传的方式世代传承。摩匹作为哈尼族的特殊阶层，肩负着执行文化习俗，把关行为准则的任务。

村子外围的寨神林

　　像摩匹这样族群传统的守护人，容易被误以为站在现代文化的对立面，其实他们也和村民一样希望能够拥有更舒适的居住环境。在传统蘑菇房拆旧建新的趋势中，阿者科村曾经遇到了传统民居保护经常要面对的悖论，即建筑的历史文化价值与村民现实需求的不对等。

出于保护传统蘑菇房的初心，身为学者的昆明理工大学教授朱良文曾带领团队，开展了一系列的抢修工作，包括维护村貌、优化和整改建筑空间。他们把一座老旧的蘑菇房改造成了商住一体的"新建筑"。房子在增加卫浴、卧室和消费、餐饮空间的同时，完整保留了蘑菇房的外观风貌。这一案例在当时拆旧建新的巨大呼声中，成功证明了传统民居的当代价值。村民看到了保护和发展并不矛盾，也自然产生对本族文化的自信心和认同感。

改造后的蘑菇房：1. 原本入口　2. 新增入口，直通底层

在哈尼族的史诗中，先祖教导后人，无论何时都不能遗忘故乡，不能忘记诺玛阿美[1]的田地。正如千年前面对迁徙与否的难题，此刻，哈尼人再一次站在了历史的路口：是留守在梯田上的村子里还是去到山外的世界？那些吃着梯田红米长大的孩子，那些在蘑菇房前攀爬玩耍的孩子，答案，就在他们手上。

露台上玩耍的孩子和晒谷的妇人

1　诺玛阿美：哈尼族古语中意为"理想的家园"。

传统蘑菇房改造案例

一楼改造： 底层原来是牛栏，层高不足1.7米。朱良文团队以符合建筑结构安全标准为前提，通过下挖增加层高，将原本阴暗逼仄的空间改建成饮茶休闲的区域，接待游客

改造前　　　　　　　　　　　　改造后

二楼改造： 重新粉刷，加大了窗户以增加采光，并将火塘改为无烟式的

改造前　　　　　　　　　　　　改造后

三楼改造： 粮仓被改造为大通铺，可以睡8到10位客人

改造前　　　　　　　　　　　　改造后

广府传统民居

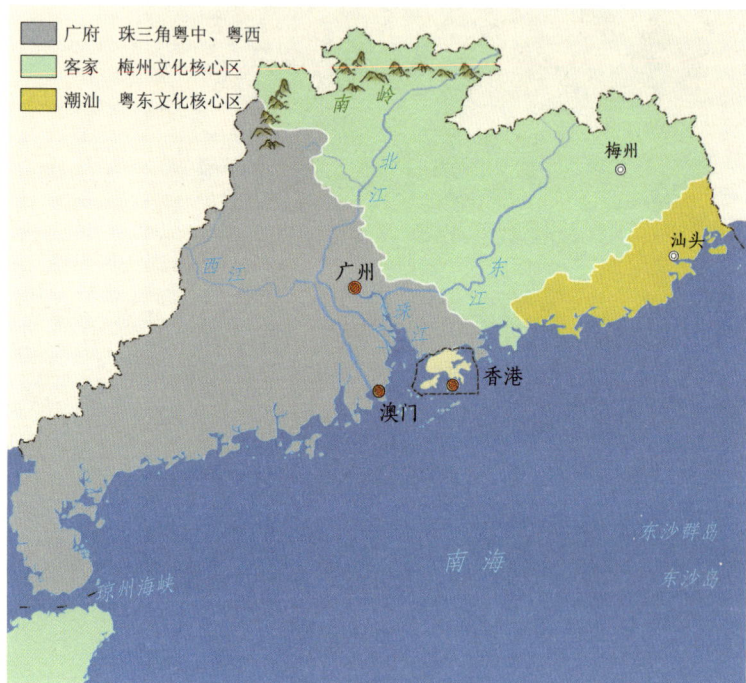

广东民系划分示意图

广东地区有三大民系[1]：粤东有向海图强的潮汕人，粤北有高居山地的客家人，而粤中和粤西是属于广府人的福地家园。这一地

---

1 民系：一个民族内部的分支族群。同一民系的人群通常讲一种方言，生活在相近的地理区域，并对当地文化有强烈的认同感和归属感。

区既有平坦辽阔、水网密布的鱼米之乡，也有贸易繁华的珠江三角洲。如此水土养成了广府人松弛的气质与务实的态度，并体现在建筑与村落的方方面面。

广府地区夏长冬短，夏季尤其炎热潮湿，在没有空调的年代，人们需要通过设计村落和建筑布局来加强通风。建村选址时通常采用背坡、面水、环林与梳式布局的组合。背坡就是背靠山坡。广府村落倾向于建在缓坡上，因势利导排雨排洪。梳式布局是指房屋像梳齿一样均匀齐整地排成一列一列。此时，房前屋后的间距虽然很小，但都保持一致；列与列之间也留有等宽的巷道。建筑方阵前的广场"禾坪"是村民晾晒谷物和进行公共活动的地方。水塘紧挨着广场，与村落四周的植被，构成了调节气候的生态系统。

广府村落布局：1. 村口　2. 池塘　3. 广场　4. 植被带

主巷门楼 巷道

梳式布局

　　这样的格局在形状特殊的地块上也能看到。肇庆黎槎村坐落在一座近乎四面环水的圆形山岗上，山岗中心略高于四周。村里的建筑都背靠圆心，面朝河水，也就是背坡面水。它们并非以同心圆方式层层扩展，而是由不同家族按梳式布局分区块建造起来的。随着人口增加，房屋逐渐填满了整个圆形山岗，一个状似八卦阵的奇妙结构也由此产生。

黎槎村

　　而当村落建在平地上时，朝向大多为坐北向南，使巷道的方向与夏季主导的东南风向保持一致。风从广阔的空间一下子进入狭窄笔直的巷道，风力就会变强，带动室内通风，屋里就能凉快下来。

　　如果没有风，村外的树木和村前的水塘也能让热空气降温，形成类似热岛效应的城郊环流。同理，由于村里的巷道狭窄，遮阴面积大，与直接被太阳暴晒的屋顶、天井形成了温差，能带动室内外空气对流。

　　无论是风压降温还是热压降温，要让房子里凉快下来，还需要一个重要的配合条件——三间两廊的民居户型。

　　"三间"，是指房子有左中右三个开间，厅堂居中，两侧是大小相同的房间，前侧是天井，整体遵循中轴对称。在梳式布局下，房与房的前后间距窄，所以，大门要对称地开在房子两侧。

"两廊"，则是指从左右两扇大门通往天井的两个半封闭空间，称为走廊过道。两侧廊道与中间天井就是激活通风降温的关键所在。如果把两侧大门同时打开，就会形成一条笔直的窄道，加速内外的空气交换。

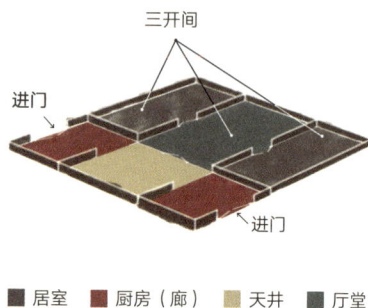

三开间

进门

进门

■ 居室　■ 厨房（廊）　■ 天井　■ 厅堂

三间两廊示意图

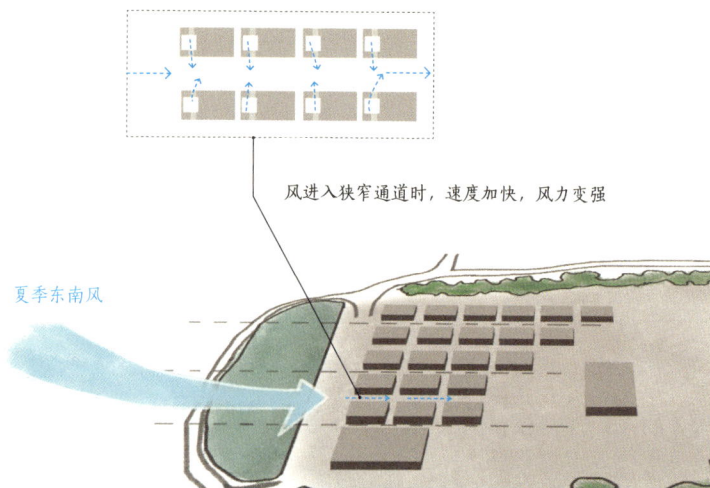

风进入狭窄通道时，速度加快，风力变强

夏季东南风

通风原理一：风压降温

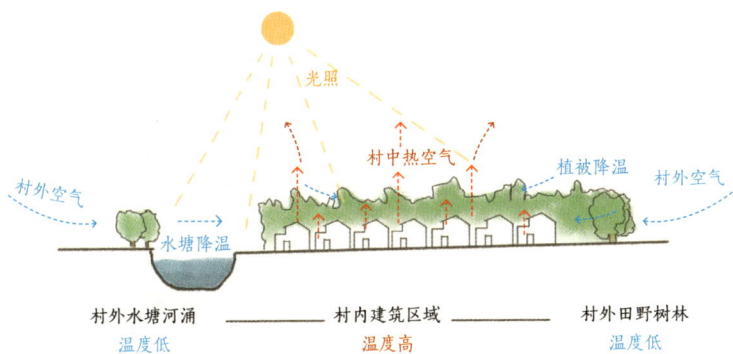

通风原理二：村内外热压对流

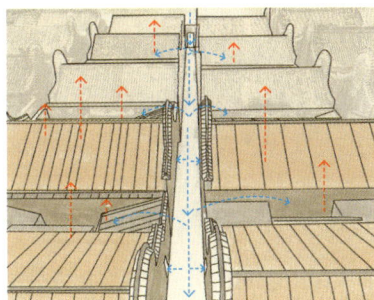

通风原理三：室内外热压对流（↑热空气上升 ↓冷空气下沉）

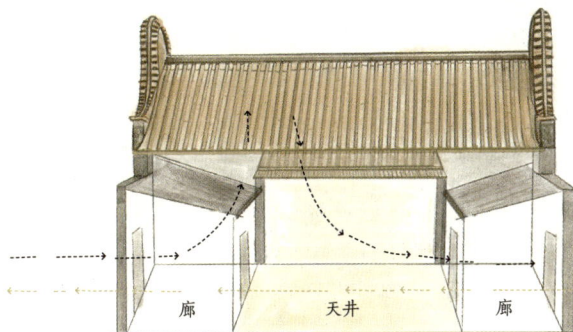

通风原理四：室内空气交换

在高度规整的梳式布局里，同一排民居的大门对齐在一条直线。假设所有大门保持敞开，就相当于增加一条横向的通风路径，提升了散热的效率。当然，实际情况中，每家每户的大门不可能一直敞开。这时候就需要趟栊门发挥作用。趟栊门中间横架着十几根圆木，以一定间距排列，既能达到通风的效果，又有一定遮蔽性，还兼有防盗、采光的作用。

趟栊门

村落整体的布局、单体建筑的三间两廊以及局部细节的大门设计三者相结合，形成了一套应对广府地区炎热潮湿的解决方案。这样的系统也使得广府民居的建筑面积大致平均。三间两廊户型的民

广府人祈求福从天降的天井

敬天神牌位

1. 厨房

2. 厨房与天井间的花墙

3. 厅堂与天井间的门墙，可防止雨季内涝

4. 厅堂阁楼，下方储物，上方摆放供奉祖先的木龛

5. 放置杂物或住人的阁楼，发洪水时可用作避险空间

1	
2	3
4	5

居通常在 100 平方米左右，虽然面积有限，但室内层高充足，可以搭建阁楼。建筑分为厨房、天井、厅堂和居室四个主要功能空间。

除了"三间两廊"外，广府民居还有更小的袖珍户型，例如单开间、一字型、窄长的"竹筒屋"，双开间、并联的"明字屋"。

竹筒屋户型图

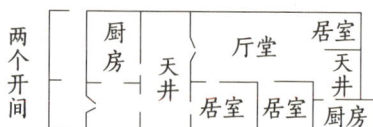

明字屋户型图

追求实用主义的广府民居，不仅内里简洁，外观也相当低调。青砖的灰色是建筑的主色调，硬山式屋顶虽然没有飞檐曲翘的气韵和灵动，但轮廓清晰利落，另有一种简约、大气的美。

山墙是广府民居的建筑标志之一，也是广府民居被称为"镬耳屋"的原因所在。镬耳原本指炒菜铁锅两边的提手。在生活至上的广府人眼里，房屋两侧的圆弧山墙虽有鳌头独占之义、乌纱官帽之形，还带着腾龙盘曲之势，但"镬耳屋"的叫法最亲切。

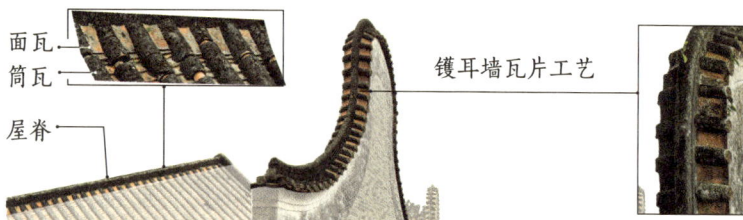

面瓦
筒瓦
屋脊
镬耳墙瓦片工艺

镬耳墙顶

镬耳墙

镬耳山墙看似只是将传统硬山顶的尖角山墙往上拉长，形变拱起成圆弧状。但在建造时，匠人要用筒瓦铺砌的方法，打磨圆弧处的每一片筒瓦和面瓦，才能让它们的形状贴合曲线，还要用灰塑固定，是一项费时费工费钱的技术活。因此，镬耳山墙一度是家庭殷实的象征。

除了山墙，墙脚、墙体所用的建材也是家庭经济状况的体现。以清代为界，之前，大部分民居建筑用黄泥夯土或蚝壳砌墙，墙脚采用硬度低、易切割的红砂岩。之后，大部分民居升级为青砖墙。一些条件跟不上的人家为节省材料，就用黄泥土坯砖作墙芯，仅在外部包覆一层薄青砖，这种结构俗称"金包银"。为展示区别，富裕人家用大块麻石板砌筑墙脚。墙脚越高，代表这户人家越有钱。

但是，再豪奢的民居，在设计与工艺上都无法媲美宗祠。广府乡村多聚族而居，往往是一村一姓，一个大宗族可以延续数百年。如果族中出现了杰出后代，就会建立分支祠堂。所以，一个村里经常有多个宗祠。

广府宗祠的标准格局是三合院，有条件的家族也会扩建成几间几进的大型院落。与其他地方不同的是，广府宗祠内左右相邻的两列建筑间会保留一条笔直的窄巷，称为"青云巷"，有着平步青云、扶摇直上的美好寓意。从设计上看，这种做法相当于把村落的梳式布局沿用到宗祠内，利用窄巷改善室内通风。因而，这条小巷也叫"冷巷"。

三进

三轴

青云巷

1. 红砂岩墙脚

2. 砖砌墙脚　　3. 高矮墙脚对比

4. 陈家祠规格

祠堂往往位列一个村子建筑方阵的前排，并靠近村口。作为全村的排面，祠堂的门面设计必须和别的建筑有所区分。宗祠门楼多采用凹斗式结构，以青砖墙体搭配承重的石柱、石梁：石梁用在左右两开间，中部留空以框出门匾。靠外侧的麻石梁柱在光线映照下泛着莹白光泽，与深色门面构成了明暗对比，增强了门楼的立体感。下部两侧的高台俗称"钓鱼台"，雅称"塾台"，过去是供乐师演奏的地方。

　　墙、柱、梁与硬山顶相构，勾勒出门楼刚劲利落的轮廓，也凸显出上方屋脊的精致。与民居的龙船脊不同，宗祠或书院等大型建筑多用博古脊，饰有广式灰雕和彩绘。广州陈家祠的博古脊为了将花鸟鱼虫、市井百态和诸天神佛悉数刻画出来，有意压低

宗祠门楼：1. 石梁　2. 塾台，也称钓鱼台

了屋顶坡面，将广府天地的万物风情活现其中。

要进入宗祠，自然要迈过门槛。但在广府地区，一些显赫家族的门槛比人还高，所以，门槛直接做成了小门供日常使用，只有在重要日子里，整扇大门才会全部打开。

祠堂内部，木雕、石雕与砖雕是装饰主体。其中，木雕多选用坤甸、酸枝、柚木等坚硬耐用的进口木材，色泽深沉、形态方正，既适应广东潮湿多雨的气候，又彰显了祠堂的庄重感。此外，琉璃瓦、彩绘玻璃、铁艺构件及水磨石等领先于同时代的新材料，赋予了深邃的空间以色彩与肌理。

龙船脊

博古脊

陈家祠的豪华屋脊

1. 宗祠大门与小门

2. 木雕梁

3. 石雕栏

4. 彩绘玻璃窗

5. 蓝色琉璃瓦

1

2	3
4	5

今天的广府地区发展飞快，大多数传统村落和民居已经历了几轮拆旧建新，但宗祠始终保留在原地或整体迁移到了新址，没有被拆毁。这是广府人坚守的底线。

村口的大榕树下，祠堂的大门前，青石板街巷里，纳凉谈笑的身影已经老去。新一代的广府人即使各奔前程，依然会出钱修复翻新宗祠。在他们心中，留下一座祠堂，留下一棵老树，就留下了彼此牵绊。屋檐下有团聚，广府的乡音和记忆才不至弥散，游子才能找到归家的路。

旧祠堂与新楼房

山墙

屋脊
山墙

指在建筑两侧、与屋脊垂直的两面外墙。在我国南方地区，民居山墙的墙头会高于屋脊，做成不同的形状，起到隔火和装饰的作用

山墙名称	主要特点	分布
镬耳山墙 	山墙取鳌鱼的姿态，寓意鳌头独占，名禄加身。明清时期只有取得功名的人家才能用镬耳山墙，后逐渐在民间普及，因状似铁锅两边的提手，得名镬耳	珠三角和粤西地区（广东广府民系）
五行山墙 	根据阴阳五行学说，以"金木水火土"五种造型样式建造。样式的选择一般由风水先生决定，使用与屋主八字命理属性相生的山墙	·韶关、梅州等粤东北地区（广东客家民系） ·潮州、汕头等粤东南沿海地区（广东潮汕民系） ·闽南地区 ·中国台湾

金　　木　　土　　水　　火

山墙名称	主要特点	分布
马头墙 	梯级式山墙顶。阶梯级数根据房屋进深和屋面高度而定，可以多达五层叠，俗称"五岳朝天"	安徽省东南部的黄山市及至浙江省西部的金华、衢州等地

传统建筑房顶类型

屋顶类型	主要特点	示意图
硬山顶	由一条脊两个坡面组成。房子两侧山墙与屋顶齐平，或略高于屋顶	
悬山顶	与硬山顶相似，房顶两侧屋檐悬挑出山墙外	
攒尖顶	没有正脊，多条屋脊聚拢到顶部，屋面形状为圆形或中心对称的多边形	
庑殿顶	由一条正脊，四条垂脊组成，形成前后左右都有坡面的屋顶	
歇山顶	由前后左右四个坡面组成，但正脊两端保留了一小部分三角形的山墙，称为山花。山花之下才是坡屋面	

开平碉楼与古村落

1649年开平立县前四邑地区示意图

在广东四邑地区，有一种建筑以中国传统碉楼和民居建筑为基础，大量融合了西方的建造技术和装饰，突破了人们关于乡土民居的想象，这就是开平碉楼。因为见证了明代以来地方传统建筑在满足防御需求的过程中，逐渐与世界建筑交融接轨的历史，开平碉楼与村落在2007年被列入世界文化遗产，包括三门里村落迎龙楼、马降龙村落群、自力村村落与方氏灯楼、锦江里村落四处。

明代，开平尚未设县，是新会、台山、恩平和新兴中间的一个"四不管"地带，因而治安混乱、盗匪猖獗。建造碉楼的主要目的是应对匪患。此外，开平地势低洼、水网支流密布，防洪也

水网密布的开平

是碉楼的重要功能，所以比起一般民居，碉楼的楼层更多、空间更大、墙体更坚固。

在明嘉靖年间（1522 年 ~ 1566 年），三门里村后的高地上建造了迎龙楼。在村中民房尚未加高前，迎龙楼就是全村的制高点。全楼采用砖木结构，楼高三层，约 11.4 米，墙壁厚度达 93 厘米，占地面积 152 平方米。我们现在所见的迎龙楼，第一、二层由明代烧制的红泥砖砌筑，第三层是民国时期用青砖加建的。迎龙楼没有掺杂西方建筑元素，保留了中国传统的硬山式楼顶，楼体棱角锐利、造型简朴，是开平碉楼最早期的样式。

清顺治年间（1644 年 ~ 1661 年），开平正式设县。以"开平"为名，寄寓着开启太平之治的期许。因朝廷管制强化，匪患

硬山顶式屋顶

青砖

明代红泥砖

迎龙楼

一度平息，所以，清朝所建碉楼并不多。直至清末民初，时局动荡，开平及周边百姓被迫远渡重洋谋生，其中不少人去往美国、加拿大等国的矿区做苦力活儿。这些"金山客"立足异乡后，因为《排华法案》[1]等歧视政策无法接来家人团聚，只能往家乡寄送财物[2]。侨汇的涌入改善了家中老人与妻小的生活，却也吸引了土匪的注意。为了保护亲族乡邻免遭劫掠，华侨开始大范围建造碉楼。据现存统计，20世纪最初30年间，开平至少新增1833座碉楼。

这段时间内建造的碉楼，不仅增加了楼层数目，还在高处加建燕子窝[3]、射击孔和回廊，让值守的村民在侦察和射击时拥有更开

---

1 《排华法案》：美国在1882年通过的一项法案。生效后，留美华人被排挤和歧视的处境更加严峻，法案还影响到加拿大等多国政府的对华移民政策。

2 也有一些熬出头的华侨动身返乡，他们携带的行李箱就是著名的"金山箱"。箱子里塞着西洋钟、留声机和马桶、浴缸等造价不菲的"西洋货"，这些后来都成为碉楼的一部分。

3 燕子窝：也称角楼，是碉楼上突出悬挑的角堡，有封闭和半封闭两种。

燕子窝

回廊

射击孔

铁窗

阔的视野。同时，碉楼采用进口钢铁门窗和混凝土墙体，其坚固程度堪称铜墙铁壁。而随着华侨财富的积累，除了防御力的整体提升，开平碉楼也出现了功能分化。一般来说，碉楼主要分为众楼和居楼两类，前者用于村集体的紧急避险，后者则是长期居住与防御结合的产物。

众楼由全村或多户人家集资共建，造型封闭、简单。其外部装饰虽然不多，但已经有中西融合的痕迹。部分众楼只在紧急情况下用于避险和探测敌情；另一部分兼有临时居住的功能，但只有出资户能够分到房间。马降龙村落群永安村东头的天禄楼就是典型的众楼。天禄楼高七层，共 21 米。一到五层都是住房，29 户出资建楼的村民各分得一间房，顶上两层是公共空间和瞭望亭，相当于现代公寓楼的微缩版。据村民回忆，1925 年，众人协力把红毛泥¹从远处的江边码头一路挑来，再用夹板模具浇筑混凝土，一点一点建起了这座碉楼。

为了充分发挥碉楼的防御作用，需要借助广府村落特有的梳式布局，以竹林、民房和碉楼构建起一个立体防御系统。村里规格统一的民房像梳齿一样排列得整齐、紧凑，巷道宽度和房屋间距都遵循族长定下的标准。房屋大门设在侧方，朝向小巷，避免正面直通。碉楼建在村子的后方或头尾，把守着全村仅有的出入口，瞭望全局。竹林在地势平坦的开平是一道天然防线，恰好能够遮掩村里两层半高的民房，避免它们暴露在土匪的视线中，并阻止外来者近村。百合镇的马降龙村落群由五个相连的自然村²组成，从远处看，仅有几座高大的碉楼建筑从林海探出头来，是梳式布局与林地结合的标准形态。

天禄楼

---

1 红毛泥：广东话中对水泥的称呼，当时由华侨从国外运回用作建材。

2 自然村：自然形成的民居聚落。

1. 锦江里村落的梳式布局

2. 马降龙村的防守布局

3. 马降龙村落群俯瞰图

不满足于共建共用的众楼，一些财力雄厚的华侨开始独资建起属于自家的碉楼，既能妥善保存家中财物，也能免去家人来回奔波避难的麻烦，这一类碉楼被称为居楼。居楼是空间宽敞、生活设施完善的专用"堡垒"，它的内部已经很接近现代家居的户型布局，外观上也融入了丰富的装饰元素。即使居楼的高楼层保留了燕子窝和射击孔，安装了探照灯，但楼主对舒适性和艺术感的追求，早已盖过了御敌应急的硝烟味。

众楼和居楼

1921 年，在香港经商的黄璧秀回到开平，花三万港币，大约相当于今天 360 万元的购买力，在锦江里村建造了九层居楼，并以自己的号"瑞石"给它命名。

　　瑞石楼内有四层居住空间，都是四室一厅的户型。外立面上，一至五楼每层都有不同的脚线和装饰立柱，各层的窗裙墙、窗楣和窗边花纹造型各异。有研究认为这是对文艺复兴建筑代表作罗马法尔尼斯府邸的致敬。

窗楣

窗边花纹

装饰立柱

脚线

窗裙墙

瑞石楼

罗马法尔尼斯府邸

　　瑞石楼顶部的混搭风格更是让人眼花缭乱：六层外部的阳台采用罗马柱廊样式（爱奥尼克柱式），七层角亭托起拜占庭穹顶，及至顶层凉亭，又转变为罗马式穹顶的设计。而在众多西方古典元素的堆叠中，也有传统的中式彩绘点缀其间，尤其巴洛克山花之下，"瑞石楼"三字刚劲挺拔。显然，黄璧秀是想打造这片平原上最夺目的碉楼。今天的瑞石楼也确实享有"开平第一碉楼"的美誉。

　　自力村的铭石楼虽然不如瑞石楼那般华丽，但它的顶层凉亭设计后来成了广东乡村自建房的经典样式之一。铭石楼的凉亭用爱奥尼克的立柱撑起了中式琉璃顶，简洁雅致，坐在亭下纳凉，还能享受周围水塘稻田的村野景色。正是这片风光，吸引了姜文在自力村取景，拍摄电影《让子弹飞》。

罗马式穹顶

巴洛克山花

拜占庭式穹顶

罗马柱廊
与拱券

中式绘画图案

彩绘玻璃

爱奥尼克柱式

瑞石楼顶部

铭石楼顶六角凉亭

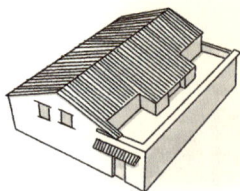

传统岭南民居   庐式建筑

20世纪20年代末到抗日战争爆发前，开平村落中除了众楼、居楼等传统碉楼外，还集中出现了一种被称为"庐"的洋楼建筑。同样是自建自住的防御性民居，庐比居楼稍矮，约三四层高，每层楼都沿袭了传统岭南民居"三间两廊"的布局，并且室内空间更加宽敞。虽然建造的历史背景相似，但从居楼到庐，华侨对"奢华"的追求不再局限于中西融合的外墙装饰。通过改善通风采光、升级卫浴设备和排水系统、配置沙发等来自西方的家居用品，庐式建筑营造出便利舒适的生活空间。

在开平塘口的立园[1]里建有六座庐，其中，泮（pàn）立楼的外观以西式立柱托起东方的飞檐和琉璃瓦，内部功能空间划分细致。其家居设施现代化程度之高，足以成为庐式建筑内部构造的代表。一楼天井经过半封闭处理，实现了干湿分离；楼梯采用左右对称的双跑设计，气派又实用，楼梯底下的多余空间还被改造成为杂物收纳间。此外，带有独立卫浴的卧室提升了私密性，每一层楼

1　立园：旅美华侨谢维立先生及其家族的私家园林，耗时十年才初步建成。

1. 泮立楼

2. 阳台与窗户

3. 大厅　4. 双跑设计的楼梯

1	
2	3
	4

都配有阳台，窗户数量远超前期堡垒样式的碉楼，极大改善了室内的通风和采光。

泮立楼四层房间中央，水磨石打造的祖龛上题写着一副对联："宗功伟德兴民族祖德丰隆护国家"。这是庐式建筑里深藏的华侨心声。碉楼从无到有，再到遍地开花，既是

祖龛

开平乡土吹进"西风"的一个历史缩影，也是华侨在动荡时期内心矛盾的一种外化——他们在海外主动或被动吸收、学习西方近代思想，但因为"月是故乡明"的朴素情感与反哺故土的传统观念，而选择在家乡不计代价地建造碉楼。

财富回流带动了开平地区生活水平的全面提升，没有条件自建居楼的村民把房子加盖到两层或三层，用青砖砌墙，装上铁条玻璃窗，让门面变得气派起来。门头采用昂贵坚固的花岗岩，雕上了西方柱式花纹，传统的岭南趟栊门换上了南洋进口的坤甸木条，坚固加倍，水火难侵。门的内侧还设计了一套齿轮锁，守护家的安稳。

门户上的手绘壁画、对联和花纹图案记录下了涌动的思潮。花开富贵、山清水秀的传统壁画旁边，出现了火车、轮船、电线杆、高楼；本是表达多子多福等朴素愿望的对联里，出现了民主、自由、民权、自强的字眼。

132

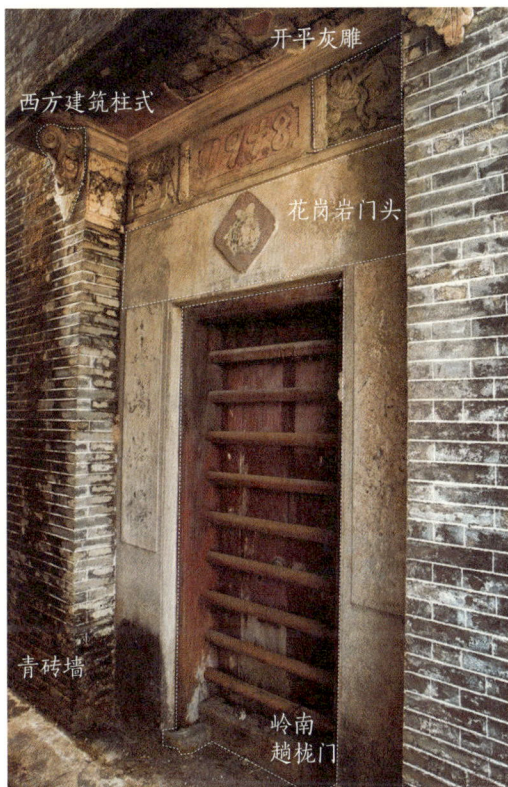

开平灰雕

西方建筑柱式

花岗岩门头

青砖墙

岭南
趟栊门

1. 开平人家的大门

2. 新对联　3/4.新门头装饰

1937年全面抗日战争爆发以后，接连不断的战火和社会斗争让开平侨乡的建设渐入低潮。1943年《排华法案》废除后，大部分的华侨与侨眷得以在海外团聚，开平乡土上再也难见新建的碉楼。

到今天，只有少数年长的开平女性身上还藏着过去的故事。她们的丈夫为了生计远走异乡，断了音讯，而她们不敢再嫁，只能一遍遍翻看泛黄的旧照片和书信。一水隔天涯，归期未有期。用离别兑换幸福，是那个年代的无奈。保家防盗的铁窗高楼，也囚禁了思念。窗外，四季早已轮转百回。踏入碉楼，恍入梦中，这是一个百年前远在彼岸金山的梦：梦里，华丽的楼房林立于广阔的田野上。家，就在那里，安稳无忧；人，也在那里，不再分离。

西方古典建筑柱式

指欧洲古典建筑中石柱子的样式，包括整体尺寸和柱头的雕刻形式。根据柱头雕刻可以清晰划分不同的柱式

屋顶类型	主要特点	示意图
多立克柱式	源于希腊的三种古典柱式之一，是最早的一种，柱头简约朴素	
爱奥尼克柱式	源于希腊的三种古典柱式之一，造型优雅，柱头的涡卷装饰是标志性符号	
科林斯柱式	源于希腊的三种古典柱式之一，柱身比爱奥尼克更为纤细，柱头雕满了层叠的花草纹样	
托斯卡纳柱式	源于古罗马，柱身光滑，风格简约朴素	
混合式	在科林斯柱式的柱头上加上爱奥尼克柱式涡卷创造出的混合式柱式	

黔东南侗寨民居

杉树林

　　贵州东南山区是侗族的聚居地之一。漫山遍野的杉树为侗族人建造家园提供了理想材料。杉树生长速度快，且形态挺直、质地轻韧、易于加工，其天然防虫、防腐的特性尤其适应黔东南潮湿多雨的气候。族人巧妙利用杉木特性，创造出类型丰富、结构独特的木构建筑体系。其中，干栏式民居、粮仓、风雨桥和鼓楼是每个侗寨都有的四类特色建筑。

干栏式民居

侗寨起初建在河溪穿流的低谷盆地，随着人口增加，逐渐向山上扩张。能够依山就势、随坡就坎的干栏式结构自然而然成为民居建筑的最优解。

山谷里的侗寨

干栏式民居

干栏式建筑又称吊脚楼，以木或竹柱作支撑，直接架起房屋主体，使其远离地面。由于建造时无需开挖地基或者砌筑砖墙承重，干栏式建筑仅仅通过调整立柱的高度和位置，就能适应各种地形。

这种灵活多变的建筑特点，促使侗族人将地形限制转化为空间利用，赋予了架空层不同的形态与功能。在平地上，底层一般会用木板墙围闭起来，构成完整的储物或生活场所。如果建筑沿河而立，族人会把底层空间设计成半封闭的样式，敞开部分用作走廊或改造成店铺。而在坡地上，底层空间仅剩落地柱支撑起的悬空部分。此时，柱子和地面共同承托起上层建筑。这样的形态称为半干栏式。当半干栏式的底层空间足够宽敞，也可以平整地形，搭建出一个空间。

平地全封闭底层　　　　平地沿河建筑底部　　　　坡地半干栏式

二层内部空间

三层内部空间

敞开或封闭的二、三层设计

美人靠

  侗族的干栏式民居通常有两到三层。二层是主要的生活空间，包含堂屋、卧室和围廊。三层可以不设木墙[1]，只建围栏或美人靠。由于整座房屋没有庭院或天井等独立的户外空间，侗族人喜欢把明亮宽敞的三层作为日常娱乐和创作的场所，他们会在这里写侗族大歌，吹笛奏乐，干木工活儿等等。

  如今，村寨里的干栏式民居越建越密集，一旦发生火情，火势容易快速蔓延。因此，部分村民开始改用杉木与混凝土来建造房屋。

1　部分民居的三层会打造成封闭空间，用作起居室；抑或是完全不加栏杆等遮蔽物，放置杂物。

<table>
<tr><td>1</td></tr>
<tr><td>2</td></tr>
<tr><td>3</td></tr>
</table>

1. 一楼用混凝土浇筑，其上建传统木屋

2. 保留木结构框架，用砖砌墙壁或落地玻璃来代替木板墙

3. 紧贴木房子加建一个混凝土副屋，把卫浴、厕所和厨房等需要铺设排污排水管道的空间集中在内

粮仓

侗族因聚居在山间河谷，地少人多，住房内难以辟出专门存放粮食的空间。所以，每家每户都建有独立粮仓。在一些原生态的侗寨里，至今仍能看到集中分布的大小粮仓。

典型的侗族粮仓是一座吊脚的干栏式木房，由四根木柱支撑起由仓库、晾禾架组成的建筑主体。每到秋收时分，喜欢种糯米的侗族人就会把成熟的糯禾挂在晾架上晾晒，待风干脱粒后存入仓库。

为保障储粮安全，侗族人采取了双重措施。一方面，他们把仓库的门洞开得非常小，并设计木格栅，通过增加出入粮仓的难度来防盗；另一方面，他们在粮仓下方开挖了一片水塘用于防火、防鼠害。

受大集体时期的影响，每户一粮仓的格局被改变。在一些传统侗寨里，小而多的粮仓被改造成大集体使用的大型粮仓，散落在村中的不同角落里。

在粮仓底部贴近水面的架空层，经常可以看到侗族人提前备置的空棺材。看似突兀，其实只是侗族人习惯提前准备后事。而粮仓是每家人在住宅以外的私人空间，因此，成了摆放棺木的合理地点。

仓门

晾架

干栏式结构
+ 水池

粮仓结构

架空层摆放的空棺材

风雨桥

　　侗族人依水建村，遇水架桥，但他们不满足于搭建仅供渡河的功能性桥梁，而是将干栏式民居穿斗式木结构的建造手法融入其中：将粗大的杉木并排架起，铺上一层木板作桥面，在木桥基底上盖起一座凉亭式的建筑，创造出了集交通、休憩、民俗艺术于一体的风雨桥。风雨桥因瓦面屋顶可以遮风挡雨而得名。此外，两旁铺设的美人靠可供族人在茶余饭后凭栏纳凉；梁柱间则装饰了色彩鲜艳的民俗画，娓娓道来侗乡的神话传说。

风雨桥

桥底结构

屋架结构

桥上绘画

一些大型侗寨会建造多座风雨桥，有趣的社群现象就出现了。大利侗寨中部有两座相隔数十步的风雨桥，一座桥上坐满了男人；另一座桥上都是女人，她们一边闲聊一边干着编织活儿，双手片刻不停。我们曾经问过"男人桥"上的老先生，为什么不去另一座桥上乘凉，他们的回答是："害羞。"

女人桥

男人桥

鼓楼

通常来说，侗族以姓氏族群为单位居住在一个侗寨中，并在村寨的中心位置建造鼓楼。一些大型侗寨的族群庞大，内部分化出了多个家族分支，就会出现几座鼓楼并立的景象。鼓楼不仅是族姓的象征，在工艺上也展现了侗族高超的营造技术和民族审美。侗族人的祭祖、议事、迎宾和集会对歌等重要集体活动都在鼓楼里完成。

鼓楼集塔、阁、亭等建筑形式于一体，具体而言就是阁楼为底，塔身为中，亭子为顶的三段结构。今天所能见到的大多数侗族鼓楼，都属于密檐式。密檐主要体现在塔身段：重檐的层数一般为单数，每层间隔约 0.8—1 米，一些高大的鼓楼可达十几米重檐。面积从下往上逐层缩小，翼角扬起，与杉树形似。密檐式塔身看似构造繁复，却透露出秩序美。

此外，鼓楼亭顶、塔身和阁底的建筑平面[1]均为中心对称的几何形状，有四方形、六边形、八边形等，组合上可以自由发挥。

四边阁底、六边塔身搭配八边亭顶

仅凭外观，总会让人忘了鼓楼是纯木构建筑。只有进入鼓楼，从阁底仰头望去，才能看到梁柱和斗拱纵横交错往高处延伸。此时，整个鼓楼框架袒露在眼前，粗犷的线条构建出一个无比深邃的空间。重檐间的空隙不时透进一缕阳光，让人感觉身处于一个巨大的生命体里。

1　建筑物在水平面上的投影，能够展示建筑的布局。

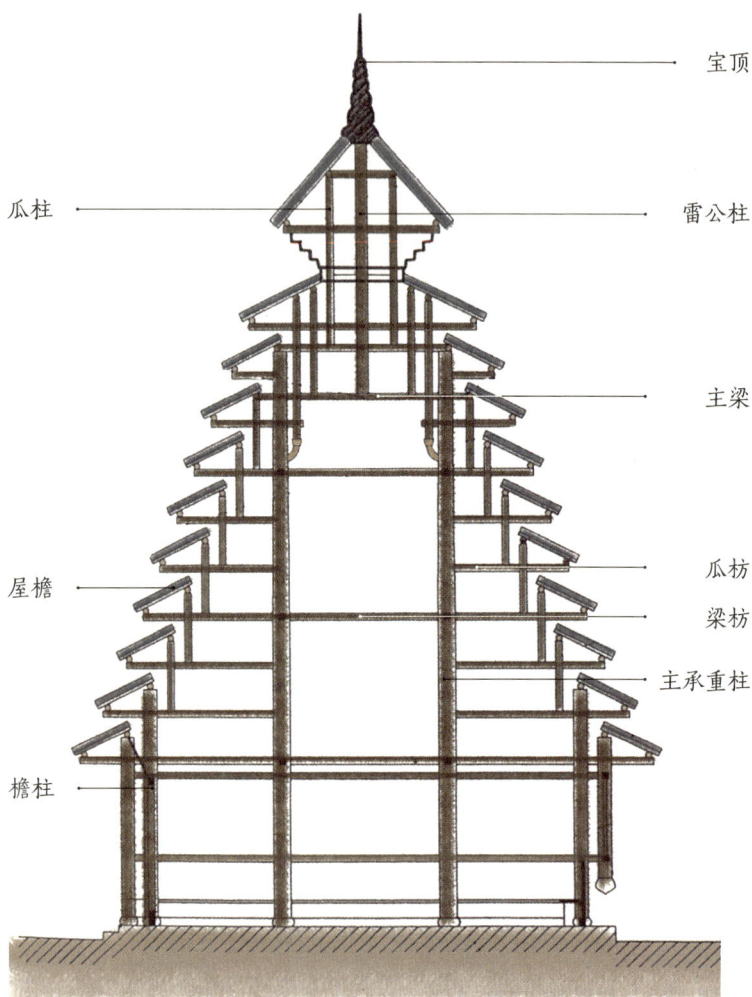

宝顶

瓜柱

雷公柱

主梁

屋檐

瓜枋

梁枋

主承重柱

檐柱

鼓楼内部结构

鼓楼内部

　　除了密檐结构，塔身的外部装饰也是侗族民族审美的体现。鼓楼外饰按照"近繁远简"的准则编排。出入底阁的大门门额以彩绘或泥塑作装饰，绘有经典名著的情节或侗族风俗，向宾客展示着村寨文化。第一、第二层屋檐上，工匠会用泥塑表现"二龙争珠"等寓意喜庆吉祥的传说故事。而到了目力难及的高层檐板，往往只绘有简单的几何纹饰。

　　最初，鼓楼只是村民集会和处理公共事务的场所，并没有特定名称。后来，村民在塔楼高处设了大鼓，每次需要召集大家集会或遇到敌袭、失火等紧急状况，值更者就以约定的节奏在楼上击鼓鸣示，让四面八方的村民快速聚拢，这才有了"鼓楼"的说法。在鼓楼的旁边，经常可以看到一个水池，作防火应急之用。

泥塑装饰

门额为《西游记》故事

第一层屋檐为二龙争珠

 花草

 花草

 龙

 孔雀

彩绘装饰

增冲鼓楼倒映在水池中

鼓

阁底空间

　　自从村寨启用广播设备，鼓楼就不再承担警戒和集合功能，但族人依旧会在鼓楼底阁议事选举、欢聚宴饮。底阁成了整座建筑真正具有实用功能的空间，布局简单，宽敞通透，几根粗大的柱子间摆放着长条木凳，环绕中央火塘。平日里，孩童喜欢在鼓楼里嬉戏奔跑，大人们则在火塘边闲坐聊天。鼓楼守护着侗族人的庄严与天真。

鼓楼里的篝火会议

鼓楼里的投票选举

童年时光

鼓楼闲坐

　　侗族人对传统的坚守让建筑保有生命力。他们不仅是民居建筑的使用者，更是建造的参与者。在侗族地区，建筑营造是全民参与的盛事，传统的建造技艺在今天依然广泛应用着。关于人与树的故事仍然在续写。

传统构架形式

架构类型	特点	示意图
抬梁式	在直立的柱子上架横梁，梁上又用短柱抬起短梁，逐层叠架支撑整个屋顶。这是中国古建筑里普遍的构架式	
穿斗式	柱子之间通过木枋穿插连接，形成细密的网状结构。檩条直接由柱子支撑，不设横梁	
井干式	用一根根木条以直角层层堆叠，相交处以简单的榫卯咬合，最终形成围合的木墙	

从巢居到干栏式的演化

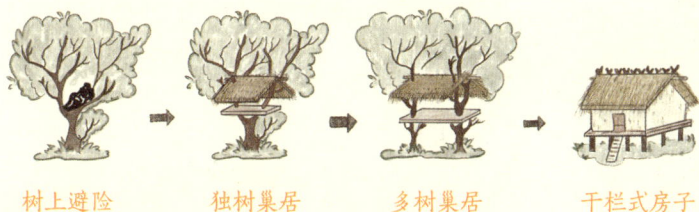

树上避险   独树巢居   多树巢居   干栏式房子

巢居：在分枝开阔的树杈间或在几棵树之间搭建房子

干栏式建筑：以大量木制、竹制的柱和枋搭建出两到三层高的木制屋架

侗族干栏式建筑：穿斗式木结构。柱子与木枋形成一个房屋框架。檩条直接架在柱子上端承载屋顶的重量。不另设横梁

优点：

1. 节省材料
2. 建造效率更高。工匠可以模块化制作所有木构件，再拼接成屋架

缺点：

1. 不打地基，为保持房屋稳定性，需要很多立柱，使得室内空间被分割成多个部分
2. 有消防隐患

黔东南侗寨民居·建造篇

掌墨师的工具

　　在今天的黔东南地区，依然能见到保存完好的侗族木构建筑，更为可贵的是，族人仍在用传统技艺建造新居。侗族没有自己的文字，木构建筑的营造技法全凭掌墨师不断摸索、口传身教。

　　掌墨师作为侗族建筑的总设计师，负责统筹建造工序，不仅需要与工匠配合，精准制作出数百个木构件，还是立架、升梁等民俗仪式的核心角色。在长期的营造实践中，他们创造了一套独特的符号语言——墨师文[1]，用以标记和归类木构件，并巧用匠杆、

―――――――――

1　由普通汉字简化抽象而成，用于速记。只有侗族掌墨师才能看懂。

竹签等工具，使建造流程逐渐规范化。正因如此，侗族木构建筑技艺成为中国木结构营造体系的重要组成部分，展现了传统工艺的智慧与生命力。

以建造一座普通的侗族民居为例，要搭建除屋顶、地板和外墙面之外的主体结构，工序分为三步：

第一步，准备柱、枋两种木构件；

第二步，将木柱和木枋穿连成一面排扇，定下进深尺度；

第三步，把多面排扇用木枋连接稳固，形成面阔尺度。排扇的数量取决于房屋大小。

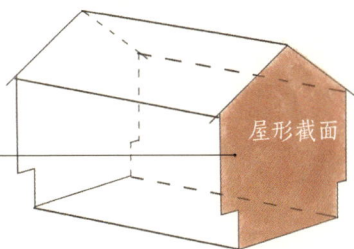

屋形截面

排扇说明示意图

柱和枋是侗族木构建筑的基本单元。直立的木柱是房屋承重的主要构件，而木枋是穿入柱身的横木，可以连接柱子并把自身受力传递到柱子上。柱和枋因所处位置和功能的不同，名称各异，其形状构造也有差别。例如，朝进深方向连接的有"千斤枋"、"出水枋"，朝面阔方向连接的木枋称为"过间枋"，而连接瓜柱（辅助支撑屋顶的短柱）的称为"瓜枋"。

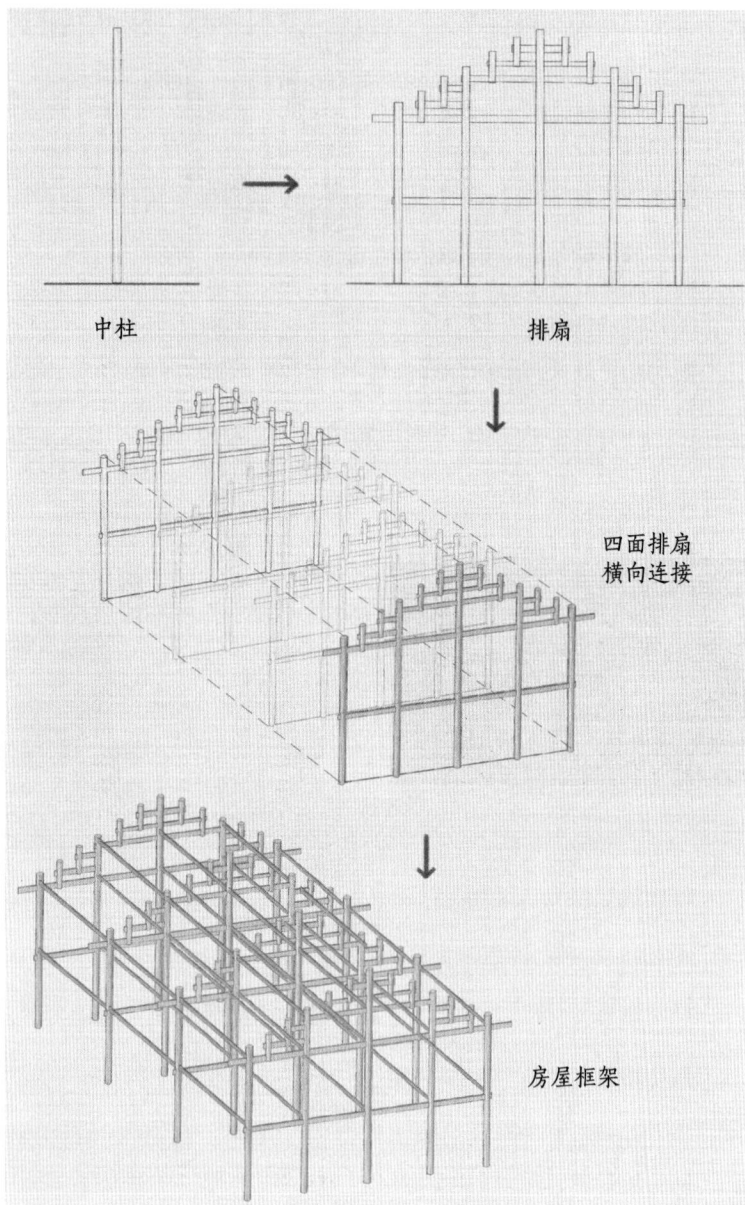

中柱　　　　　　　　　　　排扇

四面排扇
横向连接

房屋框架

侗族民居主体屋架的搭建思路

由于柱子和木枋通过榫卯结构相连，制作阶段需要先在柱子上挖出榫眼，即凹进部分；再加工木枋，做出榫头，即凸出部分。

在投入制作前，自然还有准备工作。掌墨师会先根据新房主人的具体需求画出排扇草图，敲定所有木构件的尺寸、比例和位置，然后列出清单让屋主置办木材。

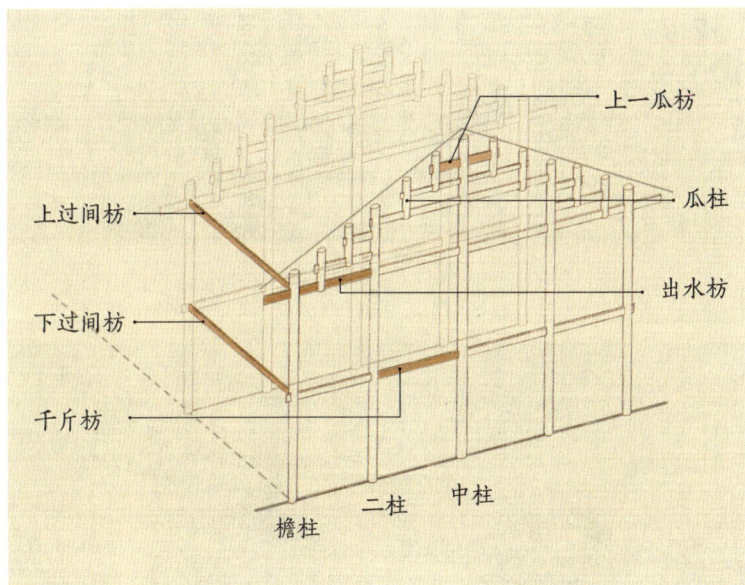

柱与枋

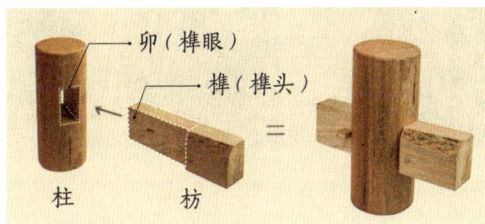

榫卯结构

中柱连结四面木枋

当木柱与木枋筹备完毕，大大小小数百个木构件陆续运抵现场后，就进入了第二道工序，也就是搭建阶段。工匠们会在地基旁搭起支架，把柱子立起靠在支架上，再将木枋逐根嵌入，完成所有排扇的拼装。与此同时，房主正在为立架仪式做准备。

抬起中柱

连接柱子和木枋

完成的排扇靠在一旁

"立排扇"要选一个吉时，无论正午还是子夜，房主都会准备好米、酒、活鸡、木槌、麻绳、墨斗和鲁班尺等贡品呈放在祭台上，用隆重的仪式祈求工程平安顺利。主礼人掌墨师念诵经文，再以生鸡血触碰柱子。当他用木槌在柱子上敲响后，鞭炮与呼号齐鸣，地面上，工匠和前来帮忙的亲友合力拉绳，爬到排扇高处的师傅则用长木棍顶推。上下同心，第一道排扇就立起来了。

掌墨师念诵经文

上下协作立起排扇

1. 第一道排扇立起、移动

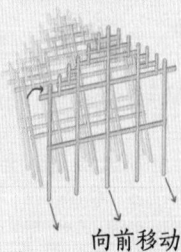

向前移动

2. 第二道排扇立起，两道排扇对齐，插入木枋

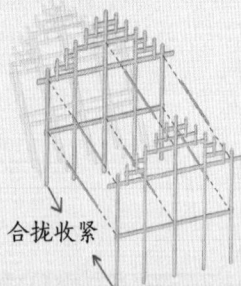

合拢收紧

3. 两道排扇连为一体并向前移动

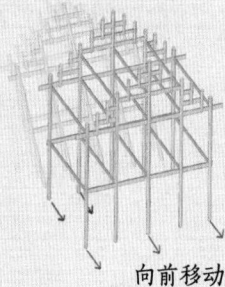

向前移动

4. 第三道排扇立起、对齐前面，并插入木枋

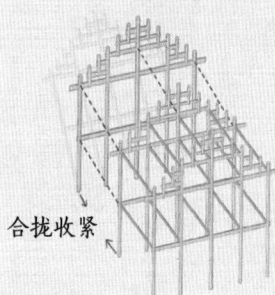

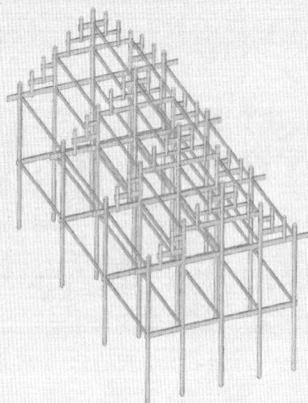

合拢收紧

重复第3、第4步，直到所有排扇连接成屋架

连接排扇步骤示意图

在侗族村寨里"四排扇三开间"和"六排扇五开间"规格的民居最为常见。因此，立起排扇，架插木枋，连接排扇的步骤需要重复三到五次，才能把所有排扇都立起并连接。虽然这听起来像拼装模型一样简单，但房屋的一梁一柱都不是普通人能轻松拿起的积木，在没有起重机的情况下，工匠们需巧用杠杆原理，通过默契的协作来完成搭建。

移动排扇

移动屋架

当最后一道排扇组装到位时，村民们已将新房团团围住，翘首等待着上梁仪式。上梁可以理解为把梁木升起。掌墨师会在仪式现场用椿芽木或梓木制作一根新木梁，在上面装饰增添喜庆气氛的稻穗、铜钱，以及写满美好祝福的毛笔字，随后将新木梁升到最高处。实际上，穿斗式结构无需房梁承重，升梁仪式如同古代给男子行加冠礼，是表达家宅平安的期许。

拜祭完鲁班祖师的掌墨师会徒手攀登到屋顶，把美酒、糖果、钱币豪迈撒下，好像在自己亲手建造的世界里当了一回神仙。新房的主人则双膝跪地，举碗相迎，其他村民，尤其是孩子们纷纷掏出备好的袋子，同享这份祥瑞和富贵，用喧天的欢笑祝福新房的落成。

现场制作主梁

升梁

房主接福

接下来的工序，包括铺设楼板、屋顶、围板和制作门窗等，都属于装修范畴，房主可以根据自己的时间和审美偏好安排。

只有屋架的房子

装修中的房子

尽管现代化的风潮已经到来，侗族人依然珍视与传统建筑的联系。在堂安侗寨，一位三十出头的年轻掌墨师曾半开玩笑地抱怨："修建鼓楼的项目太多了，根本忙不过来。"

在这里，一座房子的建造凝聚着整个村寨的力量和祝愿，沉淀了几代侗族人的故事。无论是掌墨师、工匠，还是旁观、帮忙的孩子，每一位参与者都用他们的热情续写着这门古老的技艺。

它时刻提醒着族人，造一座房子，需要磨炼技艺，修炼匠心。而成一个家，需要敬畏自然，凝聚人心。

工地上帮忙干活的孩子

浙南石头屋

浙南瓯江水系地图

浙南地貌

浙江地处中国东南沿海，东流入海的江河不计其数，瓯江等八大水系构成了省内主要的水网系统。浙江全省的地势由西南向东北倾斜，地形复杂。与浙北平原相对，浙南多山地丘陵，大河小溪在山间交错奔流，塑造出众多的河谷与浅滩，那里分布着浙南最具代表性的民居形态之一——石头屋。

顾名思义，石头屋就是用石头垒成的建筑。选择用石头建造房屋是自然条件与生存需求相互塑造的结果。浙南古村依山傍水，虽然为村民的耕作、运输提供了便利，但也因此容易受到山洪的冲击。石头既能防水防潮，又可以构筑坚固屏障，是理想的建材。

建材来源正是每年汛期过后，山区河道中留下的大小石块。一类是经年累月被水流打磨浑圆的鹅卵石。另一类是从山体剥落后棱角尚存的山岩碎块，这种未经切割加工的天然石材，当地人称之为"蛮石"。

173

河道石滩

　　用蛮石砌筑的墙脚坚固不移，经久不腐，而在这稳固的根基上，延展出了千形万态的建筑。在浙江丽水的缙云县、景宁县和温州的永嘉县可以探寻到三种典型的石头村落与民居。

缙云岩下村

景宁深垟村

永嘉芙蓉村

岩下村

青山下的石头村

岩下村因为两山夹峙、双溪汇聚的地理格局，可用来建造房屋的土地面积有限，建筑布局相对紧凑。村中的石桥、石屋、石道等全石建筑与隐隐青山融合，模糊了人工垒砌与天然岩层的分野。

村口处有一条河流，上面架着名叫"封溪"的百年石桥，既为来往村民摆渡，也是水口的一道风景。类似的半圆拱石桥虽然在浙南村落中十分普遍，但由于缺乏资料记录，其建造方法在学术领域只被笼统地称为"干砌拱券"。

进到村子里，就能看到很多小户型的单体石头屋。这种简单小巧的结构方便建筑在形状不规则、高差显著的台地上灵活排布，其特点是横向宽度窄，纵向深度深。一般分上下两层，房屋二楼的后门处普遍架设一座简单石桥，直通上层台地的巷道，极大方便了村民日常通行。

封溪桥

二层后门搭石桥

当然，石头屋的建筑形制并不局限于此。岩下村是氏族聚居的村落，随着家族繁衍与社会层级分化，村中出现了"一"字形联排房、"凹"字形三合院、"回"字形围屋等房屋格局。

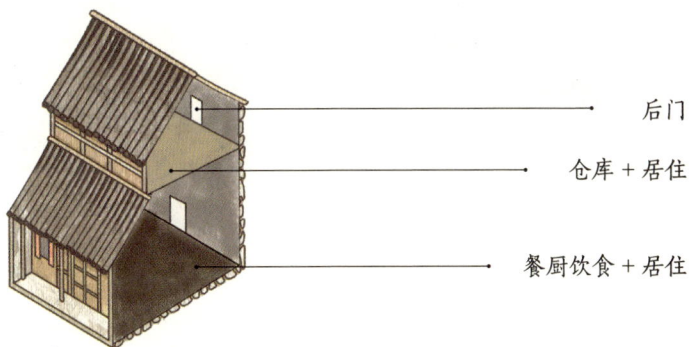

后门

仓库 + 居住

餐厨饮食 + 居住

单体民居建筑

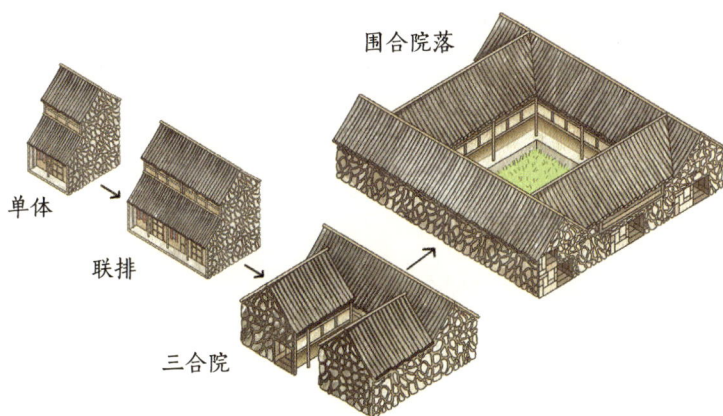

围合院落

单体

联排

三合院

石头屋形制

长条石　　　　　　　　　　　窄小的门洞

　　无论形态如何变化，石头屋始终保持着古朴素净的独特气质。这份观感源于房屋外墙的干摆工艺，即利用天然石块咬合堆砌，不施黏合材料。干摆砌筑时，外墙基脚与转角处需要用大型块石，石块尺寸随高度增加逐层缩小。也因此，为了保持结构稳固，石头屋的门窗开口大多较小。

深垟村

　　深垟村坐落于平缓的山谷地带，村中有一条河流横穿而过。相较于岩下村，深垟村的地势更为开阔，为石头屋的建造提供了充裕空间。因此，村中民居大多设有入户庭院，用于晾晒谷物、栽植花木，称得上是一个家庭的私家花园。如果石头屋在搭建完主体部分后还有余裕，房屋后方也会加建一个半敞开的院子，并挖通明渠，引河水入内，供日常使用。

深垟村所在地形

入户花园

半开放式后院

■ 房　■ 厨　■ 庭院　■ 中厅　　　进门

深垟村石头屋户型

　　深垟村的石头屋也大多高两层，但与岩下村相反，房屋的面阔远长于进深。同时，四面墙体的材质富于变化：左右两侧墙体的下部是蛮石建造的，上部是夯土建造的；后侧是全石墙；门面则为木制。如果说岩下村由三面石墙与木制门面构成的外观带有森严的气质，深垟村的外立面则因为纹理和色彩上的变化，让人感受到松弛明快。圆弧形的转角处理既方便人车通行，也让村中的道路视野变得开阔。

　　从侧面看，深垟村石头屋的屋顶前坡短，后坡长，瓦面层叠延伸，与低矮的院墙衔接自然。走在纵横交错的石巷里，潺潺水声不绝于耳，抬眼就能看到青石黛瓦连绵相接。这正是浙南山区石头村落独有的建筑韵律。

1.岩下村石头屋外立面　2.深垟村石头屋外立面

3.深垟村石头屋转角处理

4.屋顶长短坡　5.巷道

楠溪江流域古村

材料组合与空间布局的差异造就了岩下村与深垟村截然不同的村落风貌，但石头村落的精彩不止于此。楠溪江在永嘉中部形成了一个优美的树状水系，沿岸塑造出低丘宽谷、盆地和冲积平原等开阔地形。

楠溪江流域地貌

早在唐宋时期，楠溪江流域就已村落成群，至今依然保留着200多座不同时期的古村落。得益于地理优势和历史沉淀，楠溪江的村落用朴素的石头砌筑出民居、宗祠、书院等各种类型的乡土建筑，构成了传统文人所追求的"耕读于自然山水"的石头家园。

楠溪江流域的民居大多是三合院结构，一间正屋居中，左右两侧是厢房，正屋对面是约1.5米高的院墙合拢出的大门。规模较大的房屋有三进甚至更多进深，此时，合院围墙也会设计得更精

山墙面
采用木板壁

围墙
采用石砌、砖砌混合

楠溪江流域的石头民居

细。墙体底部用大石乱砌，由下往上逐渐过渡成"人"字形的小
石斜摆，而顶部的三分之一是砖砌花墙。墙体的堆砌方式取决于
石头的形状。石头在乱与序之间灵活转换，为墙面的肌理赋予了
有节奏的变化。

砖砌花墙

斜摆小石
乱砌大石
蛮石堆砌

石墙工艺说明

除了房屋尺度和装饰细节的升级，这里的民居在建造时还会考虑如何远山借景、框景造境。楠溪江流域的奇秀景色曾孕育了中国山水诗，在建造自家宅院时引风光入"画"、提升意境，便也成了一些大户人家的追求。大若岩镇的埭头村村后有一座前凸的小山坡，上面建有松风水月宅。院子前侧比后侧低 1.5 米，这段地势落差被巧妙转化成一方狭长的池塘，从宅院侧面看去，前景的石头屋高低起伏，远景的青山秀拔雄奇，都倒映在镜池中。如果遇到明月当空的夜晚，后院山坡上的松林被山风激起阵阵松涛，松、风、水、月的诗意画卷便跃然眼前。

山色倒映池中

后院
宅房
院子
水池

松风水月宅的四个层次

　　融山水人居为一体的建造手法也会用于公共建筑。岩头镇的
芙蓉村整体呈正方形，村子中央的芙蓉亭采用两层楼阁式的歇山
顶，视线越过亭顶可以看到远处如淡影隐现的芙蓉峰。而沉坐于
视线下方的，是普通蛮石建造的基底。精微与粗犷在仰俯间完成
了美学对话。

　　不难看出，楠溪江流域的村落虽然仍以石头为主要的建材，
但因为开阔的地形，其建筑格局得以充分展现人文厚度，村落布
局更是如此。芙蓉村的"七星八斗"便是典型一例。村中七处丁
字路口为"星"，八个水渠交汇处为"斗"。"星"筑台，即作为指
挥台；"斗"凿池，用于储水消防。

　　因为芙蓉村曾被元兵焚毁，明初重建的时候便吸取了前人的

教训，采用防火拒敌的防御型布局。而"七星八斗"中魁星降临的隐含意义则寄托了当地人期待后代子孙出类拔萃、灿若繁星的美好愿望。

芙蓉亭

1. 下宅井
2. 仰天井
3. 芙蓉池
4. 天池

5. 大屋井
6. 井头井
7. 老屋井
8. 相承池

芙蓉村"七星八斗"布局

民居与公共建筑之外，街巷网络纵横交错，串联起村子的各个角落。低矮的寨墙勾勒出村子的边界。而散布的水井等生活设施则默默滋养着日常。这些看似普通的组成部分，同样凝结了石砌工艺的巧思。

部位	建造方式	示意图
主干街道	青砖铺地，两边铺以石条	
支巷街道	体积较大的长条卵石会居中横放，碎石则铺在左右两侧，增加路面的纵深感	
水井"客厅"——休闲	以石头为座椅和靠背，依地势环绕着低洼处的水井，搭建一个可以休息、聊天的公共区域	
寨墙——防洪御敌	由蛮石和卵石砌成。一般高2—3米，厚1.5米，上窄下宽	

寨墙

在浙南地区，寨墙落地意味着村子有了轮廓，村民的衣食住行都限定在这个范围内，不再扩张。不同于城墙的高崇冰冷，石头寨墙立于田野和村落的交界，像是在休憩与生计之间的一层过渡，每天迎送早出晚归的耕耘者，无声相伴。村民出走远方，寨墙是告别的最后一眼回望；千里归途，石墙是回家的第一眼期盼。对他们来说，蛮石就代表着故乡。

如今，当游客驻足于浙南古村斑驳的寨墙下，仍能清晰触摸到山石粗粝的纹理。或许，在没有现代机械的年代，形状各异的石块如同难以驯化的野兽，曾让村民犯难。最终，他们选择顺应材料本性，把石块层层砌筑成屋。这些穿越时间的建筑提醒我们：民居的本质就是平凡的人做着踏实的事。

古村村民的日常

青海三江源藏式碉房

青海三江源藏式碉房与黑牦牛帐篷分布示意图

青海省南部是长江、黄河和澜沧江的发源地，被称为"三江源"地区，地势呈西高东低。长江上游的通天河段横贯玉树自治州，高海拔的河谷开阔处气候干燥寒冷，氧气稀薄，不利于作物生长，只适合游牧生活。当海拔降低到三千米左右，气候变得温和湿润，河谷地带因此能够耕种青稞等粮食作物。半农半牧的生活方式，孕育了三江源传统藏式碉房聚落[1]。

---

1 三江源传统藏式碉房也分布在大渡河源头段的马可河以及澜沧江上游流域。

半农半牧——碉房

游牧生活——帐篷

碉房所在的通天河下段流域属于峡谷地貌，地质活动频繁。为了避免山泥倾泻引发的泥石流，村落在选址时会与通天河保持一定距离，背靠高山，建在两岸的缓坡地带。一些村落像是拉布乡的帮布村，更是沿着通天河支流深入群山，在山谷平地上建造家园。山—村—田—河的村落格局既方便耕种、放牧，也提供了用作建材的石头和黏土。石砌与夯土两种建筑方式应运而生。

桌木齐村：河谷缓坡建村

帮布村：深入支流建村

夯土碉房

石砌碉房

石砌是将山石按"品"字形结构堆叠。平整的长片石用于屋顶和外部墙体，质感粗糙、形状不工的毛石用在内墙，石头间的空隙用碎石填满。

大小石材混合堆砌

堆叠石头时，可以只依靠石头间的咬合来保持建筑的稳定性，也可以在石头间抹上由青稞秸秆、草藤和黄泥混合而成的黏合剂。前者称为干砌，常用于碉房地基、墙脚和相对低矮的院墙。后者是湿砌，常用于搭建碉房墙体结构。

无论是干砌还是湿砌，墙体里都需要放木墙筋起到稳固作用。但在高海拔的玉树地区，树木是稀缺资源，很多建筑木料要从四川等地运来，有"木贵如玉"的说法，所以，工匠们有时会改用长条形的厚片石来替代木条做墙筋。

干砌院墙

湿砌墙体

条石墙筋   木头墙筋

　　石砌的碉房多见于板岩片石资源丰富的山地半坡。相对地，山脚下的河谷地区土壤资源丰富，湿润、富含黏土、夹杂细小石粒的土壤与水混合后，便能制成生土，夯土筑墙。夯筑前先要用木板拼合出整个外墙体的轮廓，环绕木板周围立一圈木棍固定，以此作为大型浇筑模具，随后往模具里加土、夯实，层层加高。这个过程里，数十个村民需要同时站在墙头上不停夯打。为了缓解体力活的劳累沉闷，藏民将夯土的动作编成了一套舞步。齐整的动作配上喧天的号子声，使筑墙的场景显得十分壮观。

夯土碉房建造过程

石砌和夯土两种技术各有优势，在实际建造过程中会结合使用。碉房墙脚大多是石砌的，而二、三层侧后方的墙面可以用土墙，也可以直接在石墙上抹一层泥土，利用夯土的密封性使房间更加保暖。至于为什么碉房正面以石砌墙居多，可能因为在藏民

多种技术建成的碉房一：1. 夯土　2. 石砌

多种技术建成的碉房二：1. 石墙上抹泥土　2. 石砌　3. 夯土

眼中石墙显得更体面。

　　碉房采用墙体收分设计，同样是遵循稳固第一的原则。梯形墙体底层厚重，通常不开窗户，只留有通风孔，房门尺寸也相对较小。随着楼层升高，窗户逐渐变大，并且做成了内宽外窄的样式，以加强防风。2010年玉树地震后损毁的房屋中，大部分只有楼顶和楼面塌陷，主体结构基本完好，充分证明了碉房的建造技术成熟，墙体收分设计合理。

墙体收分处理

墙体构造：1.井干式木结构　2.大窗　3.小窗　4.通风孔

当然，门窗的处理方式牺牲了一部分室内的采光通风，为了解决这个问题，藏民会在角落、过道等位置设置采光孔、壁窗和天窗。有条件的人家则会在碉房中心建天井，让每一层都能照到太阳。此时，二楼的方形围廊给原本封闭的建筑增添了一分明亮和活力。

土碉房遗址

石碉房遗址

过道天窗

壁窗

采光孔

一楼天井

二楼围廊

碉房层高适中、内部空间宽敞，适合采用柱网结构来承重，也就是用柱子来支撑楼面。楼层面积越大，所需要的柱子越多。大部分情况下，四柱式的"回"字形布局就足以保障结构稳定了。如果立柱与木墙相连，便自然形成了房间的隔断。

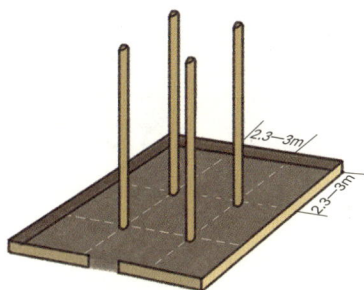

碉房的四柱式布局

立起柱子后，先要将木梁的一端架在柱托上，另一端直接嵌入墙内。再在木梁上铺设与之垂直的细木，也称檩条。然后，在檩条上铺一层树枝，或者把大块扁平的片石放在檩条之间，以此来组成地面。最后覆上一层夯土。这样就完成了碉房内的楼面构造。

楼面承重结构：1.檩条　2.木梁　3.柱托　4.柱子

片石铺砌楼面

树枝堆铺楼面

一层空间

晾晒牛粪

储存干牛粪

　　墙体、梁柱和楼面构成了碉房的主体结构。而从碉房内部的楼层功能和布局看，一层用作牲畜圈和存放干牛粪等杂物的仓库。当地藏民会把捡到的新鲜牛粪糊在自家石碉房的外墙上，摊铺成一个个圆形的粪饼。晒干后的牛粪气味会减轻许多，可以储存起来当燃料用。

　　从一楼上到二楼的木梯子旁悬挂着牛毛或牛皮编制的粗绳，便于上下楼梯时抓握，代替扶手。绳子末端挂有铃铛，如果有访客上门，就会响起清脆的铃声。

　　二楼的卧室、阳台等生活区各自独立，厨房和起居室则共用一个空间，是家人活动的中心。厨房中央的立柱一般比其他柱子更粗，被视为家庭根基的象征，按传统做法，要用羊关节骨砌成。中柱上绑着捣酸奶的木桶和拉则[1]。

在藏族传统的家庭分工里，做饭、煮茶都是母亲的职责所在，因此她们常常坐在炉灶和中柱之间的位置，把烹调好的食物直接递送到旁边的藏桌上，与家人一起享用。父亲坐在炉灶内侧靠近窗户的地方，居上位。其余成员按辈分落座。常年的油烟把厨房墙壁和天花板熏染得乌黑，但这并不妨碍藏民每年新年在墙上用糌粑（青稞炒熟后磨成的细粉）点缀出"卍"字图案，祈求佛陀护佑，平安吉祥。

楼梯的牦牛绳

用糌粑点缀的装饰

---

1 拉则：用经幡、哈达捆绑着箭，插在垒起的石堆上来祭拜山神、缅怀先祖，以祈求护佑。也会插在室内的中柱上，含义相似。

厨房空间：1. 藏桌　2. 中心柱子　3. 炉灶　4. 天窗

座位的安排：1. 父亲座位　2. 后辈座位　3. 母亲座位

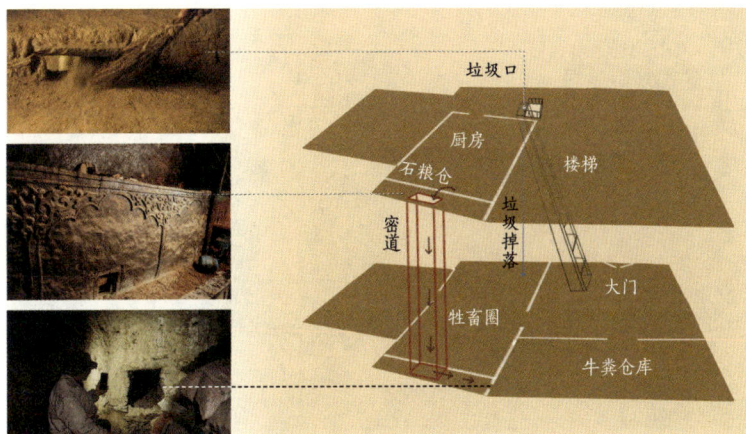

垃圾口

厨房　　　　　楼梯

石粮仓

密道　　垃圾掉落

　　　　　大门

　　牲畜圈

　　　　　牛粪仓库

石粮仓与密道示意图

　　厨房内，还会有巨大的石制粮仓贴墙而建。雕花石板砌成的大柜子不仅实用、美观，甚至可以暗藏玄机。在称多县帮布村的一座古碉房里，石粮仓内挖有一条秘密通道可以直达一楼的牲畜圈，据说是房主为逃难避险而设。另有一些碉房内，在二层靠近楼梯的地面挖有小洞，可以把尘土直接扫到一楼的牲畜圈里。藏式碉房在建筑细节上的巧妙设计和构思，正是藏民在提升生活品质上的用心。

　　此外，二楼有一个单独的小空间放置爬到顶层晒台用的楼梯。下雨时，关上楼梯间的门就能防止雨水流入室内。

楼梯间

顶楼晒台与摆放在一角的煨桑炉

在碉房顶层的晒台上，四周矮墙的一角会专门摆放一个用于煨桑的土炉子，炉子上堆叠着神圣的白石，烟雾从这里升起，象征着人们对天地和山神的敬重。

经堂、卧室和厕所也是顶层常见的建筑，其中，经堂是藏民进行日常祈祷、诵经的地方。依据传统，顶层的木制房间会采用井干式结构以示对门面的重视。然而，由于这种做

井干式木房

梁柱结构的木房

法对木材的消耗大，建造过程繁琐，现在已经转而采用梁柱结构。为了延续传统，人们仍会把带窗户的墙面打造成井干式外观，即圆木堆叠的纹理，作为装饰。

厕所的设计可简可繁，通常是在顶层天台的一角悬挑出一个小平台，也有一些建在二楼背面。比较讲究的人家会在碉房背面单独建一个方形小楼，类似现代城市里加建的电梯通道，并把厕格设在三楼阳台，让排泄物直接落到一楼自然堆积。在郭吾村更建有石砌的独立旱厕，位于碉房外的院落里，风格古朴，与自然环境相融。

方形小楼　　　　　　　　　独立旱厕

事实上，玉树是藏传佛教流传最早、教派繁多的地区之一。由于深厚的宗教信仰和教派传统，每个村落入口或中心区域会建一组宗教建筑群，包含白塔、转经长廊、寺庙（部分村落有）和玛尼堆等，是所有村民日常朝拜的地方。村落外围的山顶或山坡上，拉则和经幡守护这片土地。

白塔是最具标志性的藏族宗教建筑，由砖石和泥土建造，外涂白灰（白色石灰涂料），所以叫白塔。佛塔由塔基、塔身和塔刹三部分组成。方形的塔基是须弥座，名字来源于佛教中的须弥山，有稳固的意义；塔基上方的金刚圈承托覆钵形的塔身，塔身里供奉着佛像或佛经；塔刹上圆环堆叠的锥体称为相轮，代表着修行的阶段，最多有十三层。相轮之上的尖顶一般是日月的图形，象征着无上的智慧。

日月
相轮
塔刹
塔身
金刚圈
须弥座

白塔结构

村落里的白塔大多成排修建，其中最大的一座通常朝向东方，意味着希望与新生。特别的是，玉树地区一些藏族村落会运用擅长的石砌工艺建造白塔，不做粉刷，用石材本身的灰色体现庄重、沉稳的宗教感。

白塔

灰色石砌佛塔

　　白塔旁是叠垒成堆的玛尼石，藏民们相信无论是用河里的鹅卵石，还是用山上的片岩，只要众愿所积，必有回响。玛尼堆中心，安放着一个转经筒，筒内藏有神圣的佛经，拨动轮转，相当于诵经百回。堆顶，牦牛头骨以双角冲天的姿态，守望每日绕行的信徒。

　　在通天河流域，自然的力量几乎压倒一切。一场突如其来的暴雨，就能让河水汹涌泛黄，冲垮沿岸公路，很多村落一下子就成了孤岛，但称多县帮布村外，一座桥身仅由两根老木头和几片石板拼成的小桥，看似简朴，却在山洪的肆虐中幸存下来。天地不仁，生命自度。那些用石头和泥土堆砌的碉房也因此不曾消失。

青海三江源黑牦牛帐篷

三江源地区

　　在青藏高原腹地、玉树三江源地区，有藏式碉房和黑牦牛帐篷两种形式的民居。碉房适合半农半牧的定居生活，集中在通天河流域平均海拔三千米左右的河谷地带。而帐篷易拆卸、可移动，是游牧生活理想的住家形式。牧区平均海拔在四千米左右，冬夏两季冷暖交替明显，干湿分明[1]，且昼夜温差大、日照辐射强。独特

---

[1] 玉树地区降水主要分布在 6—9 月份，约占全年降水的 75%。这段时间正好是牧草的生长季。

牧民与牦牛

的气候条件与发达的水系涵养了成片的高寒牧草，为黑牦牛提供了丰富的食物来源。

驯化后的黑牦牛几乎能满足牧民在草原上的全部生活所需，牦牛奶和肉可以吃，牛皮可以用来制作工具，牛粪是燃料，而牛毛则是编织帐篷的上好材料。牦牛的绒毛细密，绒度高，是牧民抵御寒风的坚实依靠，也是应对天气变化的"全自动"调节器。下雨时，牦牛线遇水膨胀，能够加强帐篷的防雨效果。而到了晴天，干燥后的牦牛线缝隙变大，有利于通风。

一般规格的黑牦牛帐篷七米长、六米宽，大约需要用到三百头牦牛的毛。每年春末夏初是牦牛的换毛季，也是收集牛毛的最佳时机。牧民主要剪取牛肚下面较粗的长毛。他们将凌乱成团的牛毛梳理后，再用十字纺锤把牛毛拧成细线。细线还需要盘卷整理成线球，一部分用来织江塔绳和辅助绳——两者都是固定帐篷用的绳子——但江塔绳需要绕在提绳杆上，辅助绳则直接接地。另一部分细线用来织氆氇。氆氇是编织牦牛帐篷最基本的布料单元，一单元的宽度约 30 厘米，长约 1—2 米。牧民会根据手绘的帐篷结构图，确定每个立面的布料尺寸、绳子缝合和穿引的位置，将氆氇缝合成帐篷布。

从捻线到缝纫，整个制作过程基本由自家人完成，制作一块完整的帐篷布要花费一年左右。

牛肚下面较粗的长毛

整理牛毛

收集牛毛

用十字纺锤把牛毛拧成细线

缝合氆氇

穿绳

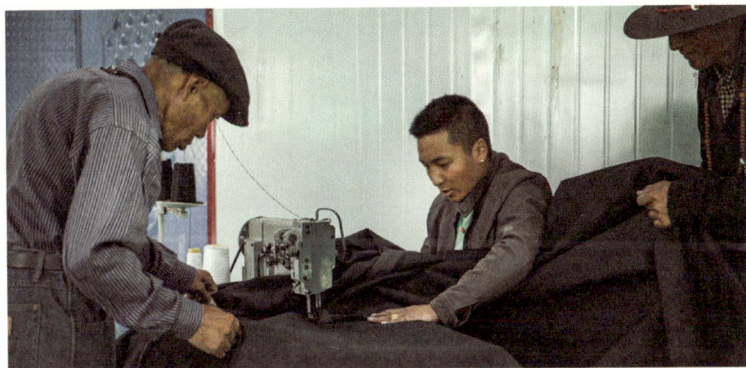

将氆氇缝纫成帐篷布

固定帐篷用的绳子：1.辅助绳　2.江塔绳

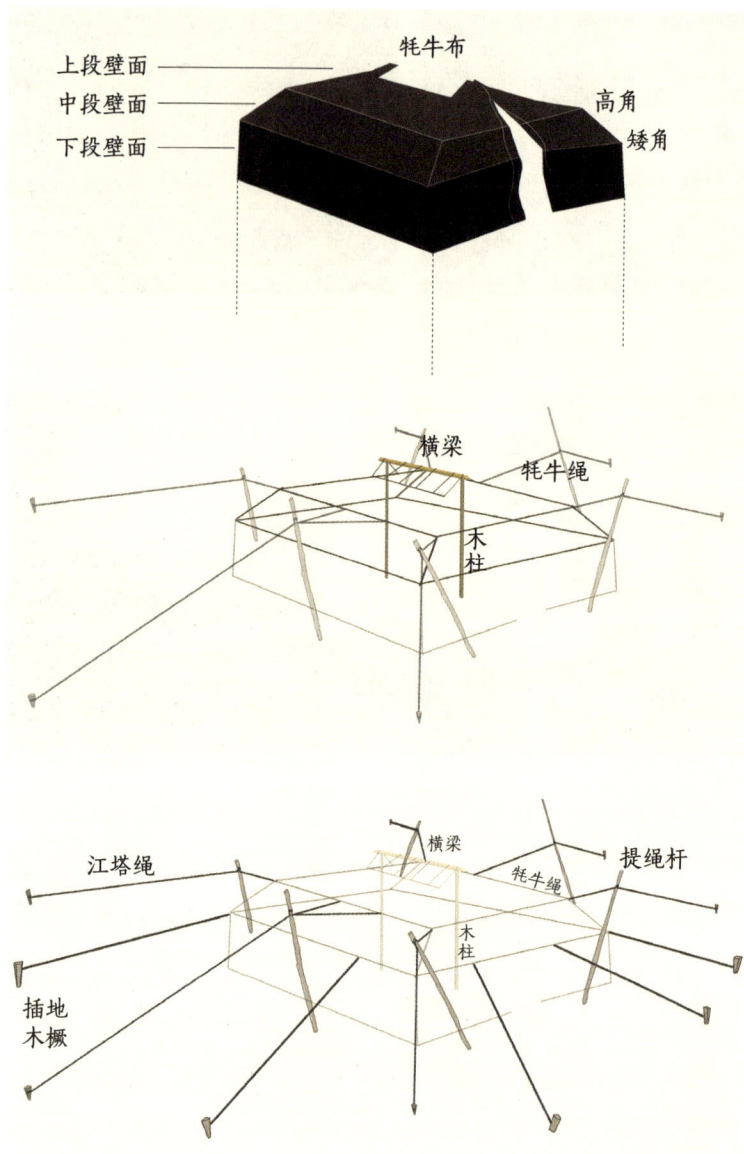

上段壁面

中段壁面

下段壁面

牦牛布

高角

矮角

横梁

牦牛绳

木柱

江塔绳

横梁

提绳杆

牦牛绳

木柱

插地
木橛

帐篷结构示意图

216

帐篷的主要结构除了绳带与提绳杆、帐篷布外，还有一个简单的梁柱木结构。木架立在正中间，起支撑作用，兼有天窗和排油烟的功用。一个有趣的细节是，部分地区的牧民会用牦牛的"喉骨"作为连接帐篷横梁和木柱的中介，利用骨头的弧度托起横梁。不过更常见的处理方式还是在横梁两端对应的位置凿出坑洞，然后把木柱一端嵌入其中，原理与榫卯相同。

柱子直接支撑梁木

牦牛喉骨连接梁柱

搭建帐篷的关键就是通过内撑外拉保证壁面紧绷，整体结构稳固。搭建完成后，牧民会为帐篷挂上经幡、插上旗帜，以求这片土地的庇佑。

步骤：1.把帐篷按朝向平铺在地上

2. 把江塔绳与帐篷四角连接

3. 木橛插进土里固定

4. 江塔绳中间加提绳杆

5. 四面同时立起提绳杆

6. 帐篷内用两根木柱撑起横梁

7. 大体结构基本立起

8. 增加辅助拉绳

9. 调节绳圈松紧　　　　10. 用木橛子钉住帐篷底部
　　　　　　　　　　　　　的襻儿，让帐壁接地

11. 缝补细节　　　　　　12. 挂起经幡

搭建完成的黑帐篷

一顶帐篷住的时间长了，里面的杂物难免会越来越多，但这时，牧民并不会重做一顶新的，而是通过调节帐篷四周的提绳杆和接地绳，让中段壁面变长，并在下段壁面增补一圈牦牛布来扩容。另一种更简单的做法是仅调节提绳杆，使帐篷上段壁面变得

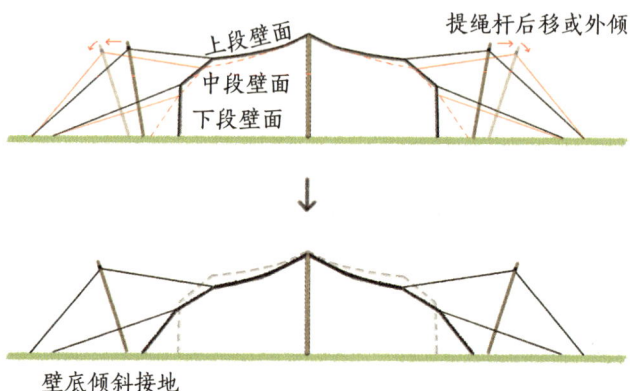

帐篷扩容原理示意图一

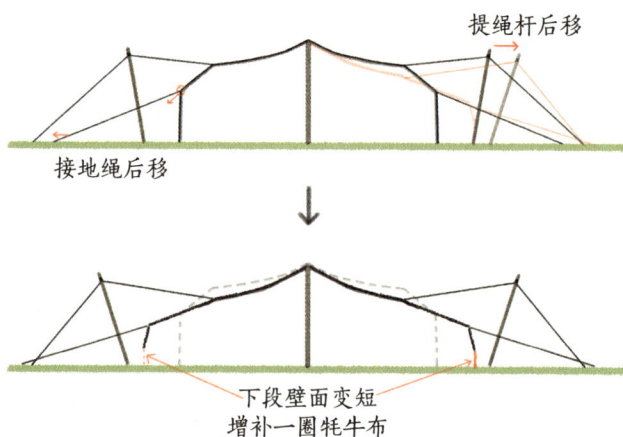

帐篷扩容原理示意图二

松弛，再将下段壁面向外撑开，形成斜面。一般来说，帐篷越大，所需要的拉绳和提绳杆就越多。

　　对于有经验的牧民来说，一个半小时就能搭好一个帐篷。至于支帐篷的地点，则随季节的更替而变化。夏季短暂，但气候温和。牧民会选择在光照充足的高山地带搭建帐篷，让牛羊享受更广阔的草场空间。春秋两季偏冷，帐篷便转移到了有阳光的山坳，以避开风口。对牧民来说，牦牛、藏羊和守护地盘的犬只都是大家庭的重要成员。因此，在主帐篷周围，他们还会搭建两三顶轻便的帐篷安置家畜，形成一个完整的牧居生活"帐圈"。在极度寒冷的冬季，牧民会在山脚下给牛羊搭建石砌的简易平房"冬窝子"，自己住在附近，方便照顾牲畜。

春秋有阳光的山坳

夏季高山地带的帐篷

冬季山脚下的"冬窝子"

长久以来，根据气温变化、草地生长情况和水源分布，带着牛羊不断迁居的多区域轮替放牧已成规律。同样形成规范的，还有黑帐篷内的布置和座次。与藏式碉房里的厨房兼起居室十分类似，帐篷内靠近帐门的区域为下方，正对帐门最靠里的区域为正上方。排座次时，辈分高的老人要坐上方，年轻一辈坐下方。家里来客人时，男宾坐上方，家主坐下方。

　　夯土灶台是全家生活的中心，放在帐篷中央，煮食、取暖时产生的烟气正好能从天窗排出。藏区牧民把干牛粪作为燃料。在

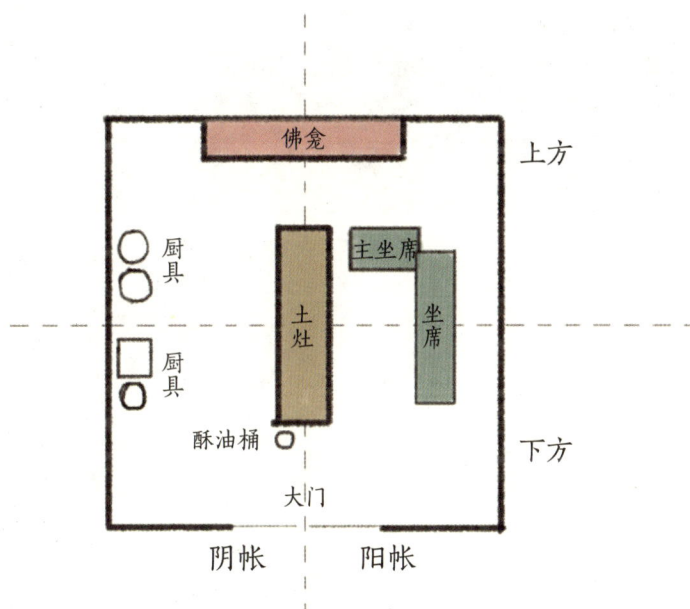

帐篷内部分布

1. 夯土灶台与天窗　2. 用灶灰的余温加热奶茶

3. 阴帐与阳帐

4. 佛龛

1	2
3	
4	

224

燃料烧尽后，还会把带有余热的粪灰倒进灶台旁地面的小洞里，形成一个小炉灶温热奶茶。

以灶台为界，进门的左边称为"阴帐"，摆放各种起居饮食的器具，妇女们在这里打酥油、制作奶酪，为家人准备三餐；"阳帐"自然是灶台右边区域，铺有地毯和坐垫，过去是家族男主人会客和休息的地方。到了晚上，全家人就在毯子上席地而眠。

在现代思想的影响下，尊卑长幼的等级划分和男女有别的职责划分变得界限模糊。但佛龛的位置始终未变。在全民信教的藏区，供奉佛祖的地方必须在帐篷内最神圣的"正上方"。一个个装满青稞或奶渣的袋子堆放起来，盖上毛毯，便是佛龛，上面摆放净水碗、酥油灯，供奉经卷、活佛的照片，还有的人家会在佛龛上方挂唐卡画。而佛龛后面的帐篷壁面在搭建完成后就禁止随意出入。

每次撤走帐篷，开始迁徙前，牧民都会把住过的地方收拾干净，在灶台和日常供奉的区域点燃柏树枝煨桑，表达对山神、土地神的感谢。到达新的牧区，搭好黑帐篷，他们又会进行新一轮的煨桑、拜祭、聚餐等仪式。庇护着牧民的黑帐篷，也是他们借宿于天地，安放心灵的方寸净土。

今天，重点保护区的深山草原虽然依旧道路不通、电力不至、熊豹出没，但藏族牧民的生活方式已经逐渐转变。为了过上更为安稳的生活，大多数牧民选择定居在冬季牧场或城镇附近。在三江源牧场上，牦牛依然成群，但现代合成材料制成的白色帐篷取

1. 煨桑仪式

2. 现代帐篷外观　3. 现代帐篷内部

4. 大型活动使用的黑帐篷

5. 吉尼斯纪录认证的世界最大黑帐篷

1	
2	3
4	5

代了大部分黑帐篷。毕竟白色帐篷更轻便、密封性更好，而且同等面积的造价仅有黑帐篷的三分之一。

手工制作的黑帐篷则被列入国家非物质文化遗产的名录里，从民居成了一种游牧文化的符号象征。只有在举办节庆盛事的特殊日子里，草原上的家家户户才会从四面八方赶来，一同搭一顶十几米长的黑帐篷作为活动场所。

无论帐篷黑与白、新或旧，草原之上的游牧生活朴素如初，挤牛奶、捡牛粪、河边取水、山坡赶牛、帐旁歌舞……在青藏高原壮阔的画卷里，一顶顶帐篷只是上面的小小黑点，随风聚散，来去如萍。然而，这些小小的黑点也是关于生命不息的律动。牧人与牛羊总是追逐着眼前的一片草绿，不知不觉便又翻过了山。

附录　主要参考书目及文献

[1] 陆元鼎，魏彦钧 . 广东民居 [M]. 北京：中国建筑工业出版社，2018.

[2] 陆琦 . 广东民居 [M]. 北京：中国建筑工业出版社，2008.

[3] 李先逵 . 干栏式苗居建筑 [M]. 北京：中国建筑工业出版社，2005.

[4] 单德启 . 安徽民居 [M]. 北京：中国建筑工业出版社，2009.

[5] 罗德启 . 贵州民居 [M]. 北京：中国建筑工业出版社，2008.

[6] 王军 . 西北民居 [M]. 北京：中国建筑工业出版社，2009.

[7] 靳亦冰，王军 . 青海聚落 [M]. 北京：中国建筑工业出版社，2022.

[8] 盖再·仁青尼玛 . 天河古谣——通天河流域传统村落初探 [M]. 青海：青海人民出版社，2024.

[9] 靳亦冰，贾梦婷，栗思敏 . 西北地区乡村风貌研究 [M]. 北京：中国建筑工业出版社，2018.

[10] 杨大禹，朱良文 . 云南民居 [M]. 北京：中国建筑工业出版社，2009.

[11] 朱良文，王颖，程海帆 . 丽江古城密码 [M]. 北京：中国建筑工业出版社，2020.

[12] 王军，靳亦冰，师立华 . 中国传统民居建筑建造技术：窑洞 [M]. 北京：中国建筑工业出版社，2021.

[13] 陈志华，李秋香 . 楠溪江中游 [M]. 北京：清华大学出版社，2010.

[14] 谭金花. 开平碉楼与村落的建筑装饰研究 [M]. 北京：中国华侨出版社，2013.

[15] 王其钧. 中国建筑图解词典 [M]. 台湾：枫书坊文化出版社，2017.

[16] 范霄鹏，董硕，薛碧怡. 中国传统民居建筑建造技术：石砌 [M]. 北京：中国建筑工业出版社，2021.

[17] 林日耕. 阿耕与土楼 [M]. 北京：中国文史出版社，2003.

[18]【中国台湾】李乾朗. 穿墙透壁 [M]. 广西：广西师范大学出版社，2009.

[19] 张琪. 大理白族地区传统自然观与村落空间格局——以喜洲、诺邓为例 [D]. 昆明理工大学，2014.

[20] 宾慧中. 中国白族传统合院民居营建技艺研究 [D]. 同济大学，2006.

[21] 李海燕. 云龙县诺邓古村落聚落景观形态研究 [D]. 西南林业大学，2012.

[22] 汉声杂志社. "乡土建筑系列"之关麓村乡土建筑（上）[J]. 汉声杂志社，2020，126：1-144.

[23] 汉声杂志社. "乡土建筑系列"之关麓村乡土建筑（下）[J]. 汉声杂志社，2020，127：1-80.

[24] 原琛淞、吴腾睿、刘洪波、褚兴彪：人类学视角下侗族民居大木作营造解析 [J]. 装饰，2024，1：110-117.

·部分图片来源于视觉中国

中国民居

作者 _ 齐胜利 莫政熹 刘俊生

编辑 _ 高玥怡　　装帧设计 _ 朱大锤　　主管 _ 周颖

技术编辑 _ 顾逸飞　　责任印制 _ 杨景依　　出品人 _ 吴畏

果麦

www.goldmye.com

以 微 小 的 力 量 推 动 文 明

图书在版编目（CIP）数据

中国民居 / 齐胜利，莫政熹，刘俊生著 . -- 昆明 ：
云南人民出版社，2025.9. -- ISBN 978-7-222-23708-7

Ⅰ . TU241.5

中国国家版本馆 CIP 数据核字第 2025FK0839 号

审图号：国审受字（2025）第 03913 号

责任编辑：刘　娟
责任校对：李　爽
责任印制：李寒东

中国民居
ZHONGGUO MINJU

齐胜利　莫政熹　刘俊生　著

出　　版	云南人民出版社
发　　行	云南人民出版社
社　　址	昆明市环城西路 609 号
邮　　编	650034
网　　址	www.ynpph.com.cn
E-mail	ynrms@sina.com
开　　本	880mm×1230mm　1/32
印　　张	7.5
字　　数	135 千字
版　　次	2025 年 9 月第 1 版　2025 年 9 月第 1 次印刷
印　　刷	北京盛通印刷股份有限公司
书　　号	ISBN 978-7-222-23708-7
定　　价	55.00 元